村志编撰辑要

刘欣昕 著

河北大学出版社
·保定·

出 版 人：朱文富
选题策划：杨显硕
责任编辑：郝　健
装帧设计：张彦琪
责任校对：姚萌萌
责任印制：常　凯

CUNZHI BIANZHUAN JIYAO

图书在版编目（CIP）数据

村志编撰辑要 / 刘欣昕著 . -- 保定 : 河北大学出版社 , 2023.10

ISBN 978-7-5666-2236-5

Ⅰ . ①村… Ⅱ . ①刘… Ⅲ . ①村史 – 编辑工作 – 研究 – 中国 Ⅳ . ① K290

中国国家版本馆 CIP 数据核字 (2023) 第 194890 号

出版发行：河北大学出版社
地址：河北省保定市七一东路 2666 号　邮编：071000
电话：0312-5073019　0312-5073029
邮箱：hbdxcbs818@163.com　网址：www.hbdxcbs.com
经　　销：全国新华书店
印　　刷：保定市正大印刷有限公司
幅面尺寸：170 mm × 240 mm
印　　张：11
字　　数：168 千字
版　　次：2023 年 10 月第 1 版
印　　次：2023 年 10 月第 1 次印刷
书　　号：ISBN 978-7-5666-2236-5
定　　价：36.00 元

前　言

盛世修志。

从古老的原始部落时期到中国特色社会主义新时代，村落是人类社会发展的重要基础，是传统文化的重要发源地，更是人类文明的重要节点。随着城市化进程的不断推进，一些村落已经或行将消失在历史的长河中，其所积淀的厚重文化也有消亡的可能。所以，编撰村志，深入挖掘各个村落的自然、政治、经济、文化、社会、生态历史进程，系统记述每一个村落历史发展中的每一个具有特殊意义的瞬间，用村志记住乡愁，传承村落文化、振兴乡村文化，既是百年大计，更是时不我待、刻不容缓的工作。

村志的体量虽然相对较小，但“麻雀虽小，五脏俱全”，它记录了一个村的概况、村庄来历、村级组织沿革、村干部概况以及村中的政治、经济、文化、社会、生态、人物等。编撰好一部村志，就可以起到对一个乡镇、一个县、一个区、一个市“一叶知秋”“窥一斑而见全豹”的作用。将每一个村以志记述，就能够呈现一个乡镇、一个县、一个区、一个市村落历史的全貌，功莫大焉。

《中华人民共和国乡村振兴促进法》第三十二条明确规定：“各级人民政府应当采取措施保护农业文化遗产和非物质文化遗产，挖掘优秀农业文化深厚内涵，弘扬红色文化，传承和发展优秀传统文化。”《北京市乡村振兴战略规划（2018—2022 年）》明确指出，“加强对乡村中蕴含的传统历法、农事节气、民间习俗、民族节庆、乡土手艺、地方餐饮等非物质文化遗产的研究阐释，促进活态利用，推动优秀农耕文化融入现代生产生活，培育和扶植符合现代需求、饱含京韵、体现‘农味’的乡村传统文化。加强乡村革命文化遗产的保护与传承”；明确要求，“开展乡村史志修编，传承乡村共同记忆”。编撰村志，是贯彻落实党中央乡村振兴战略的重要文化工程，需要各级领导和社会各界给予高度重视。

村志事物虽然也是自然、政治、经济、文化、社会、生态、人物等方志事物，但都是村域内的事物，其事物体量、属性都小于乡、镇，更小于县、市，所以，村志记述的自然、政治、经济、文化、社会、生态和人物等村志事物与乡志事物、镇志事物、县志事物等，特别是资料的来源、收集及编撰的过程等，都存在明显差异，编撰村志具有很强的专业性特征。

新中国成立以来，党和国家高度重视修志工作。通过一轮修志、二轮修志的艰苦努力，绝大多数县级以上的志书都已经完成。在一轮修志、二轮修志的过程中，形成了比较完善的修志理论，对志书的编撰原则、篇目设计、资料收集、文体规范，都形成了相对统一的认识，取得了比较丰富的经验，在实践中锻炼了修志人才，形成了修志队伍。

在大面积推进村志编撰的进程中，出现了村志编撰人才奇缺的尴尬局面。在编撰县志、省志中成长起来的专家担负起村志编撰的指导任务，但一些编撰者缺乏农村的生产生活和管理经历，难以区分和把握村志记述的自然、政治、经济、文化、社会、生态事物与县志记述的自然、政治、经济、文化、社会、生态事物的区别和联系，难以把握村志编撰的方法，在篇目设计、资料收集等工作过程中，很容易陷入编撰县志的经验主义当中。推动村志编撰工作，不仅需要修志同人系统把握村志编撰的特殊性，更需要社会各界特别是村志编撰的主管者、审批者在把握方志编撰的特殊性的基础上把握村志编撰的特殊性。

推动村志编撰工作，时间紧，任务重，一是需要动员社会各界有志之士投入村志编撰工作；二是需要通过多渠道的村志编撰教学辅导，提高村志编撰队伍的整体素养。我们迫切希望，汇集立志乡村文化振兴的党政干部、专家学者、教师、企业家及一切有写作经验的人才，研究村志编撰，懂得村志编撰，致力村志编撰，凝聚在振兴乡村文化的旗帜下，投入村志编撰工作。

目　　录

第一章　编撰村志的内涵和意义

2006年5月18日，《地方志工作条例》公布施行，其明确规定，县级以上地方人民政府要编纂地方志。村志记述的内容是中国历史的基础，编撰村志是全面记述中国历史发展、记住乡愁的系统工程。

第一节　编撰村志的定义和特点

编撰村志，不同于编纂县志、市志、省志。虽然志书记述的内容都是一定区域内一定历史时期的自然、政治、经济、文化、社会、生态、人物等文献性资料，但村志成志的要求、过程等都有其特殊性。

一、编撰村志的定义

中国社会科学院语言研究所词典编辑室编《现代汉语词典》对"编纂"的定义为："编辑（多指资料较多、篇幅较大的著作）。"① 对"编辑"的定义为："对资料或现成的作品进行整理、加工。"② 所以，"编纂"的内涵是资料整理或加工。该词典对"编撰"的定义为："编纂；撰写。"③ 其重在撰写，这也是村志成书的重要特点。

本书把修村志定义为编撰村志，而不用编纂村志，这是由村志的性质特点

---

① 中国社会科学院语言研究所词典编辑室编：《现代汉语词典》（第7版），商务印书馆2016年版，第78页。

② 《现代汉语词典》（第7版），第76页。

③ 《现代汉语词典》（第7版），第78页。

以及村志与其他志书的写作区别决定的。

编撰村志是指编撰者根据方志体例，通过深入细致的调查研究，全面系统地撰写建制村内自然、政治、经济、文化、社会、生态、人物的历史与现状的志书的过程。写作主体是村志编撰者；村志内容是以人的活动为主体的村志事物，包括村内自然、政治、经济、文化、社会、生态事物与人物；村志的体例是志书。

二、编撰村志的特点

编纂县志是对收集到的大量资料进行综合分析鉴别，然后编辑而成县志。编撰村志，主要是依靠田野调查获得第一手资料，在此基础上撰写志稿成书。

村志资料是村志的生命力，村志资料的收集是村志工作的基础。要保证收集资料的质量和数量，必须用科学方法收集资料，保证村志资料的价值和周延性、翔实性、缜密性。这就要求资料收集者要在对村自然、政治、经济、文化、社会、生态及其理论系统认识的前提下，在把握村志框架结构和章、节、目系统化特征的基础上，开列村志资料收集目录和清单，做好村志资料收集工作，为修志打下坚实的资料基础。

座谈访问是收集资料的首要方法，更是主要方法。编撰村志能查阅到的档案、书刊资料很少，主要靠编撰者深入村中对不同人群进行不同内容的座谈访问。座谈访问的主要形式是小组座谈会，其次是个别访谈。

第二节　编撰村志的特殊性

《地方志工作条例》第三条规定：“地方志书，是指全面系统地记述本行政区域自然、政治、经济、文化和社会的历史与现状的资料性文献。”这一规定明确了村志体裁的特殊性，决定了村志编撰不同于其他任何体裁的书籍编撰。把握好村志体裁的特殊性，无论是对做好具体的村志编撰，还是对推进全社会的方志编撰工作，都具有十分重要的意义。

一、编撰村志的难点

坚持问题导向，是编撰好村志的重要认知动力。随着村志事业的发展，从中央到地方都把编撰村志纳入了议事日程，开启了村志编撰的新时代。但由于历史的原因，特别是村志工作多年来的局限性，村志编撰工作还存在很多问题和困难。

村志编撰是不同于书籍编撰和资料编撰的一项系统工程，其需要专门的村志编撰理论做指导，需要全社会的方志文化认知做基础，更需要具备村志专业理论的修志队伍做支撑。但这种环境还需要进一步完善，最主要的局限是理论体系不完善。没有理论指导的实践，必然是盲目的实践。方志学始终没有建立自己的分类体系，这不但是制约方志发展的重大问题，也是制约村志发展的重大问题。

（一）方志工作尚没有自己的学科地位

从方志篇目分类到方志篇目设置，从方志资料收集到方志撰稿，都需要专门的学科理论特别是被社会承认的学科理论做指导，但方志至今不是一个独立的学科，学科理论建设严重滞后。

（二）方志事物没有自己的分类标准

多年来，我国方志工作者重视了方志学的研究，方志编撰的基本方法得到了深入研究，但始终没有明确方志编撰的基础工作，也就是方志事物的分类。横分门类，依据是什么？方志编撰工作一直在借用国民经济行业分类、中国图书馆图书分类法，但这些分类方法对于方志编撰都存在很大的局限性。

（三）没有具体的村志理论指导

省志、市志、区志、县志、镇志、乡志、村志，作为不同的志述层级、地域范围的志书，编撰工作存在诸多差异。村志需要有相应的村志编撰理论指导，但目前没有相适应的村志编撰指导理论。

（四）机械套用省、市、区、县志编撰理论和实践经验指导村志编撰

村志编撰工作中，不少的理论指导、志书审查不是在用村志理论和村志编撰标准、方法指导和审查，而是套用省、市、区、县志编撰理论和实践经验，

使村志编撰成了压缩的区县志，失去了村志应该具有的特色。

在编撰村志、乡镇志和区县志的工作实际中，都无法回避这一最基本的理论问题。

（五）对村志认知不到位

不认识、不了解方志，特别是村志，是社会各界特别是基层干部群众中的普遍现象。

中国文体中大多不提方志。中国方志源于汉代，官修志书是中国的优良传统，但自成一体的中国方志却不在中国的文体当中。文学作品分类不讲方志，大学的应用文课程不讲方志，公文写作也不讲方志，写作教学更没有人讲方志，所以中国人群中知道有方志文体的只是少数。没有人介绍方志文体，也就使很多人不认识方志文体，进而出现许多对方志著述不科学的评价。

部分乡镇、村干部不了解方志，不注重存史。而农村受家族、邻里等多种矛盾影响，修志难以形成统一认识，配合不积极。

（六）信息化时代的挑战

历史上，信息渠道单一，地方志是了解当地地情的最权威、最全面的资料。毛泽东走到哪里，首先要查看的就是当地的地方志。抗日战争时期，中共房涞涿联合县委保存的资料就有《房山县志》。进入信息化时代，信息渠道多样化，一些人追求个人价值最大化，喜欢的是宣传效应，喜欢看的是词语华丽、内容刺激的文稿。由于方志文体述而不论，难以满足部分人的阅读要求，所以志书常被束之高阁。

（七）资料匮乏

相当多农村的文字历史资料经历了三个损坏遗失的过程，一是抗日战争时期日本侵略者的“三光”政策，使很多珍贵的资料荡然无存；二是“文化大革命”时期的“破四旧”，损坏了许多历史文化资料；三是“文化大革命”结束后，村、乡镇、县市在“文化大革命”中的历史资料绝大部分被送进造纸厂。所以，有的村几乎没有几页可用资料，人们对村中事物的记忆主要是靠大脑，几乎没有系统的档案、报刊资料可以查询。大量村志资料的获得，主要依靠一点儿一点儿的座谈、调查、研究，资料收集工作任务艰巨、耗时长、见效困难。

（八）修志人才短缺

村志作为最小的综合志，“麻雀虽小，五脏俱全”，对修志人要求很高。编撰一部村志，由于多种条件的制约，不可能找很多编撰者，常常是由一位主笔人编撰。这就需要村志编撰者不但要了解农村的自然、政治、经济、文化、社会、生态等，还要通晓农村调查工作的方法，更要有比较好的文笔功夫，这样的综合性人才是很难找到的。所以，能主持修一县之志，未必能修好一村之志。但人们往往不重视修村志的分量，眼高手低，不少村聘请作家、教授、大“笔杆子”编撰村志，结果事与愿违。

（九）资金困难

主要有以下几种情况：一是实行联产承包责任制以后，大多数村没有集体经济的支撑，村党支部、村委会（以下简称村“两委”）没有收入来源，难以承担编撰村志的费用。二是一些村庄依靠村中的企业家赞助，由于企业家出了钱，村志中的很多记述难免有个人偏重。三是一些人的文化观念不强，不舍得进行文化投入。由于资金困难，相关者之间的利益难以协调。

二、澄清社会的不正确认知

村志编撰一个主要的障碍是一些干部领导及社会人士对村志编撰工作认识的不到位、不科学。改革开放以来，随着新闻、出版等文化事业的发展，社会各界对宣传、文学著作、文化读物编写工作有了一定的了解，但缺乏对方志编撰工作的了解，很多人从编一本宣传册、一本民间故事、一本人物故事的认知角度来认识和要求志书编撰工作，这不但严重制约了方志事业的发展，更制约了村志事业的发展。

（一）对村志的学科功能定位认知不正确

由于方志学没有自己的学科地位，应用文写作、公文写作都不讲方志文体，所以很多人对方志的功能定位不甚了解，对村志的功能定位也就更无从了解。在不少人眼中，地方志、村志不过是一本厚一些的资料书籍，不清楚方志是“全面系统地记述本行政区域自然、政治、经济、文化和社会的历史与现状的资料性文献”。

（二）对方志的写作特点认知不正确

由于第一种不正确认知，所以很多人不了解地方志书在编撰中要坚持“述而不论”的原则，即不直接表述事物发生、发展、变化的规律，不直接褒贬某一事物，不使用形容、夸张、比拟等文学修辞方法，只是通过科学的体例设置，客观、全面记述事物的产生和发展演变过程，展现事物的基本面貌，把事物的发展规律蕴含在志书的方志事物记述中。

（三）对方志的编撰特点认知不正确

同样由于第一种不正确认知，特别是不少人动不动戏说历史，把文学作品当成历史真相，所以很多人不了解方志编撰必须“资料真实、准确。资料经过鉴别、考证、核实，时间、地点、人物（单位）、事实、数据等准确”①，不允许有任何虚构。

（四）对村志编撰活动认知不正确

由于一些人特别是编撰主体单位的负责人，不了解方志编撰工作这些特点，不了解方志编撰的法规要求，从而对村志编撰工作形成一系列不正确的认知。

针对以上这些情况，推进村志编撰，必须加强方志、村志编撰工作的宣传指导，特别是对参与编撰村志人员加强宣传指导。要使村志修志人员明确村志编撰思维模式、文章架构、语言风格的特殊性，实实在在地理解编撰村志与写散文、报告文学、小说、故事、通讯报道、工作总结等在思维模式、体例特征、文章架构、语言风格等方面的区别，还要理解编撰村志与编写村史的区别，这样才能把握好村志写作的基本技能要求。

三、正确区分志书与史书

志书与史书的编撰具有很多相似的工作过程，志书与史书也有很多相似之处，所以不少人把志书与史书混为一谈。但是二者是有区别的，其主要区别表

① 中国地方志指导小组办公室编：《地方志工作文献选编》，方志出版社 2009 年版，第 110 页。

现在以下几个方面。

（一）书写脉络不同

“史纵志横。”村史以纵为主，村志以横为主。在篇目设置方面，村史以一个村历史发展的时间为序，从发端写到下限；村志则是对全村村志事物横排门类，对每一类按照时间顺序，从前至后客观记述。

（二）内容详略不同

“史略志详，史简志繁。”村史的记述在于分阶段综述史实，一般记述村的政治、经济、文化和社会发展概况。村志记述村的“自然、政治、经济、文化和社会的历史与现状”，包罗万象，对天文、地理、自然、社会、政治、经济、军事、文化、风俗习惯、婚丧嫁娶、衣食住行、三教九流、诸子百家等均有记述，在记述上是比较详细、完整的。

（三）立足点和出发点不同

撰写村史的立足点和出发点是反映历史规律，政治观点极为明显；而编撰村志的立足点和出发点是反映客观事物，讲究资料性、真实性。

（四）是否褒贬

撰写村史，对历史人物和历史事件都要有一个基本评价，褒贬分明；而编撰村志，则要求“寓褒贬于叙事之中”，一般不下肯定性的断语，如“贼”“盗”“匪”“寇”等语，褒贬不十分明显，而要读者阅读志书后自己去辨明是非曲直。

（五）体例不同

撰写村史，主要采用纪传体、编年体、纪事本末体等；而编撰村志，则要求以记述体为主，同时吸收历史各体。

把握了以上这些区别，对于编撰好村志具有重要意义。

四、正确认知村志事物记述的特殊性

方志事物的记述是有其显著特征的。2006 年，上海市地方志办公室颜小忠老师在《二轮志书经济部类撰写准备、基本要求和记述方法》中，把区志事物的记述方法概括为“记全貌、详重点、显特色、写深度”，并具体介绍了这

12 个字的内涵。“记全貌”，就是说“每个节或条目，都要记该节、目记述事物之全貌”。“详重点”，就是说“能体现区情特点、专业、行业特色、新时期改革特色的，是专业要项的，能体现发展主线的，是首次披露的独家资料、珍贵资料，典型的个例，在全区、全市、全国具领先地位的大、新、要的人、事、物，一般需要详写”。“显特色”，“关键是看其内容上是否体现了特色。就时代特色而言，突出‘新’字、记述‘变化’就能在平淡之中显出特色，这也就是说，在内容上，要着重记述新时期的新体制、新事物、新工作、新现象、新做法、新的背景和结果，注意记述社会变革、事物变化、经济发展的阶段性，主要的历史进程，就能突出时代特色”。“写深度”，“是指记述要有深度，由表及里，反映本质”。

颜小忠老师提出的“记全貌、详重点、显特色、写深度”12 字要求，也是记述村志事物的基本要求。

比如我们记述某一个村的传统小吃，如果用通讯报道体裁撰写，我们一般要介绍该小吃的历史、制作技艺、风味特征（不同专业的报刊还会从不同的视角撰写）。如果用散文等文学体裁撰写，就需要用文采浓郁的文字描述它的历史、烹饪大师的风貌、食客品尝该小吃的动作表情等。如果用专业教科书体裁撰写，就要着重介绍该小吃的用料、刀工、火候、风味特色等。而如果用村志体裁撰写，首先要考虑该小吃在村志事物中的地位。如果其是村志事物中最具特色的，就应该“记全貌、详重点、显特色、写深度”，要比较详细客观地记述该小吃的形成年代、传承人、用料、制作技艺、风味特征、营养价值、经济价值及社会价值。

第三节　编撰村志的意义

编撰村志，记述村域自然、政治、经济、文化、社会、人物等方志事物的历史和现状，抢救相关方志事物的历史资料，记住村愁，对守护、传播和弘扬中华优秀传统文化、革命文化、社会主义先进文化和中国特色社会主义文化，坚定文化自信，具有重大的历史意义和现实意义。

一、新时代编撰村志任务清晰

习近平总书记在党的十九大报告中明确指出："经过长期努力，中国特色社会主义进入了新时代，这是我国发展新的历史方位。"新时代，地方志工作任务更加清晰。2015 年 8 月，国务院办公厅印发《全国地方志事业发展规划纲要（2015—2020 年）》（以下简称《规划纲要》），明确要求，到 2020 年，完成第二轮地方志书规划任务，省、市、县三级地方志书全部出版；做到地方综合年鉴由地方志工作机构组织编纂，一年一鉴，公开出版，实现省、市、县三级综合年鉴全覆盖。全国各级地方志工作机构采取多项措施、多种手段，坚持依法治志，认真贯彻"一纳入、八到位"（即将地方志工作纳入各地国民经济和社会发展规划、地方各级政府工作任务，做到认识到位、领导到位、机构到位、编制到位、经费到位、设施到位、规划到位、工作到位），强力推进"两全目标"。经过几年的开拓创新，方志事业取得了一系列重要成绩，地方志事业正在从"一本书主义"转变为伟大的方志事业，呈现出全面开花、全面结果的前所未有的大好局面。

站在新的历史起点和新的历史方位，将方志编撰向村全面延伸，做好村志编撰工作，是乡村振兴的重要历史重任，是方志人新时代的伟大历史责任，也是乡、镇、村基层组织和农民的文化自觉。推动村志编撰的科学发展，把地方志工作的触角延伸到基层、村庄、千家万户，让地方志成果飞入寻常百姓家，让每一名乡村后代都能够在村志中找到本源，中国村志功莫大焉。

二、担当记住乡愁使命

这些年，随着城镇化步伐的加快，农村大量历史村落在消失，甚至一些千年古村也不复存在。孕育了一代又一代华夏儿女的农村，铭刻在一代又一代华夏儿女心中的山郭村野、浓密的树荫、碧绿的原野、袅袅的炊烟、半掩柴门的小院……在城市化隆隆的机械声中，在时光的视野中消失了，逐渐成为人们今天的记忆、明天的记忆，直到有一天在人们的记忆中消逝。

乡村的生产劳动、文化娱乐、吃穿住行、喜怒哀乐，都浸染着中华民族的底色，篆刻着中国人的民族性格。记住乡愁，是历史的呼唤，是中华民族传统文化的呼唤。记住乡愁，是当代社会的责任，更是时代赋予方志人的责任。编撰村志，保存村中生产生活风貌，留住村的自然与人文印记，让世世代代的乡村儿女记得住乡思、留得下乡愁、听得见乡音、摸得到乡俗，这是时代赋予的历史使命，是时代繁荣赋予方志人展示方志价值的新舞台。

三、传承培育文化自信

文化是一个国家、一个民族的灵魂。文化兴国运兴，文化强民族强。文化自信是更基本、更深层、更持久的力量。没有高度的文化自信，没有文化的繁荣兴盛，就没有中华民族伟大复兴。中国特色社会主义文化，源自于中华民族五千多年文明历史所孕育的中华优秀传统文化，熔铸于党领导人民在革命、建设、改革中创造的革命文化和社会主义先进文化，植根于中国特色社会主义伟大实践。

中华民族创造了源远流长的中华文明，乡镇村落是中国传统文化的根基所在，农村的生产过程、生活过程、社会规范、风俗习惯、传统节日、民间艺术等，无不包含中国传统文化的内涵，无不刻有中国传统文化的烙印。面对传统村落的迅速消亡，编撰村志，记述几百年、上千年乡村生产生活、民风民俗，以存中国传统文化，形势紧迫，时不我待。

中国共产党领导中国人民创造了革命文化、社会主义先进文化和中国特色社会主义文化，乡镇村落是革命文化、社会主义先进文化和中国特色社会主义文化重要的生长土壤。在中国共产党领导的革命、建设、改革的伟大历史进程中，农村、农民始终站在波澜壮阔的革命、建设、改革开放浪潮的最前端。面对众多历史村落的迅速消亡，编撰村志，记述村中不同历史时期的自然、政治、经济、文化、社会等方志事物，以存先进文化，形势紧迫，时不我待。编撰村志，全面记述农村在中国革命、建设、改革开放伟大进程中的发展，向后人展示在中国共产党领导下的农村巨变，是地方志工作者肩负的重大历史责任。

编撰村志，记述中华优秀传统文化，记述中国共产党领导的革命文化、社会主义先进文化和中国特色社会主义文化，才能传承培育中华优秀传统文化、革命文化、社会主义先进文化和中国特色社会主义文化，才能增强中华民族的文化自信。编撰村志是传承培育中华优秀传统文化、革命文化、社会主义先进文化和中国特色社会主义文化的基础工程，方志工作任重道远。广大地方志工作者要勇于担当，积极自觉担负起守护、传播和弘扬中华优秀传统文化、革命文化、社会主义先进文化和中国特色社会主义文化的职责，进一步增强中华民族的文化自信，积极推进编撰村志工作健康发展。

四、存史、资治、教化

方志在长期的发展过程中，逐步形成了存史、资治、教化三大功能。党的十九大报告指出，“全党要更加自觉地增强道路自信、理论自信、制度自信、文化自信”。乡镇村志是人们了解中国不同历史时期特别是近现代自然、政治、经济、法治、科技、文化、教育、民生、民族、宗教、社会、生态文明、国家安全、统一战线、党的建设等重要历史进程的重要基础资料，也是增强道路自信、理论自信、制度自信、文化自信的重要基础资料。

村志是保存村落文化的资料性文献，它的根本价值就在于它保存了大量系统、翔实、可靠的资料，是领导机关和决策者的决策借鉴、依据和参考，是开展社会科学和自然科学研究的具体史料和依据，是服务当地经济建设和社会发展的重要基础资料。党和国家历来高度重视地方志工作。中华人民共和国成立之初，百废待兴，老一代党和国家领导人就将地方志工作提上日程，开始着手建立地方志工作系统，组织方志的收集、整理和撰写工作。志书一直是党和国家领导人以及各级党委和政府领导干部掌握地情、熟悉国情的重要工具。习近平同志始终高度重视地方志工作，多次对地方志工作作出重要指示。

地方志工作的重心始终是修志存史，但地方志的价值和活力又不仅仅局限于此，还在于对历史智慧与文明的记述与传承，更在于育人与资政，在于服务国家发展大局。修志者要因时而谋、乘势而上、顺势而为，充分挖掘、开发利用地方志资源，围绕中心、服务大局，为各级党委政府决策提供服务，让广大人民群众共享地方志文化成果，以史为鉴、提供历史智慧，要在“五位一体”

总体布局和“四个全面”战略布局中发挥好地方志功能，全面推进地方志事业发展。

编撰村志，是新时代地方志事业的重要组成部分，是把方志文化融进乡村，融进寻常百姓家，融进机关、企业、学校、社区、军营，发挥更大的经济社会发展效益，实现存史、资治、教化功能的基础工程。方志人要矢志不渝，以强烈的责任意识和高度的担当精神，默默坚守，淡泊名利，甘于奉献，锲而不舍，笔耕不辍，以“板凳坐得十年冷，文章不写半句空”的干劲，用事业心和热心肠，把“冷板凳”坐热，把“冷部门”做热，凝练成“修志问道、直笔著史”的方志人精神，肩负起党和国家、人民以及时代交付的新时期史家的职责，究天人之际，通古今之变，呕心沥血，奋发有为，促使地方志事业开花结果，开创出地方志事业发展新局面。

第二章　把握编撰村志的基本概念和特征

村，包括建制村和自然村。编撰村志，虽然也是对村内自然、政治、经济、文化、社会、生态、人物的记述，但不同于编撰乡志、镇志、县志、区志、市志等行政区划志，也不同于编撰部门志、行业志、单位志、专志，而是有其独特的编撰要求、编撰方法、编撰特点。

第一节　把握村的含义

在中国的历史发展进程中，村的概念和以村为基本单元的基层组织群落的概念，内涵是不同的，区域范围也是不同的。把握这些区别，对于我们认识村、编撰村志是有重要意义的。

一、村的定义

不同人、不同地区、不同时间、不同学科，对“村”有着不同的称呼，有的称为“村”，有的称为“村落”，有的称为“聚落”。称呼不同，它们的内涵既有联系，又有区别。

村，在《现代汉语词典》中解释为“村庄，泛指较小的居住区”[①]。如北京市房山区十渡镇马安村。

村庄，在《现代汉语词典》中解释为“农民聚居的地方”[②]。如北京市房山区十渡镇马安村是一个美丽的村庄。

---

① 《现代汉语词典》（第 7 版），第 225 页。
② 《现代汉语词典》（第 7 版），第 225 页。

村落，在《现代汉语词典》中解释为“村庄”①。如北京市房山区十渡镇马安村是一个有着悠久历史文化的村落。

聚落，在《现代汉语词典》中解释为“人聚居的地方；村落”②。如北京市房山区十渡镇马安村是一个有着悠久聚落文化的村庄。

二、村的建制属性

建制，是指机关、军队的组织编制和行政区划等制度的总称。与乡、镇、县、区相比较，村的建制有自己独特的属性。

居民是村中的主体。是否居住居民，是区划建制的基本要素。从居住居民的数量来看，村是较小的居民居住区。

村包括两种，一种是建制村，是国家政权的基层政权，或归国家基层政权直接领导的村级组织。如北京市房山区十渡镇马安村。另一种是非建制村，或叫自然村，有的地方称为“片儿”，有的地方称为“组”，有的地方称为“队”。

在不同的历史时期，村建制的属性是不同的。

抗日民主政权建立前，村级组织是自治组织。

抗日民主政权建立后，根据地以村为基层政权单位，设立村党支部、村公所。各村的建制地位是一样的，都是抗日根据地、解放区的基层政权。

中华人民共和国成立后、高级农业生产合作社建立前，建制村为基层政权。

人民公社时期，实行政社合一，人民公社、生产大队、生产队三级所有，队为基础。建制村为生产大队，是一级生产管理单位。

人民公社改为乡、村制以后，建制村也称行政村，是依据《中华人民共和国村民委员会组织法》设立村民委员会实行村民自治的管理区域。

三、村的形成与演变

“村”字的出现是在东汉后期。《三国志·魏书十一》《郑浑传》在记述郑

① 《现代汉语词典》(第 7 版)，第 225 页。

② 《现代汉语词典》(第 7 版)，第 709 页。

浑任魏郡太守的治绩时说：“入魏郡界，村落齐整如一，民得财足用饶。”[①] 这是正史中关于“村”的最早记述。作为乡里组织，“村”的出现是在魏晋南北朝时期。屯、庐、丘、坞、聚等古代社会的乡村聚落，经过魏晋南北朝时期的社会整合，皆归之于村的形态。到了唐代，“村”成为所有的野外聚落的统称，并且成为一级行政组织单位。从此，“村”被赋予社会制度的意义。

1937 年卢沟桥事变爆发至 1949 年中华人民共和国成立，在根据地，县下设区政权和村政权，区里建区公所，村里建村公所。中华人民共和国成立至 1952 年，县下设区政权和村政权。1953 年，县下设区政权、乡政权和村组织，区里建区公所，乡里建乡公所，村里建村公所。1954 年，撤区，县政权直接领导乡政权和村政权，特别是在成立高级社的村里，建制村叫农业社。1958 年，建立人民公社，建制村为生产大队。1983 年，撤人民公社，建立乡政权，实行基层群众性自治，建制村称村民委员会。

第二节　把握村志事物概念

方志事物是方志诸多内容分类的基础。分类是方志编纂的基础。一部方志记述的内容，包罗万象，天上飞的、地上跑的、河里游的、人间有的，应有尽有，任何学科的分类方法都难以适用，需要对方志记述的事物有一个专有名称。为此，刘文江先生在《方志分类与方志篇目设置》一书中，建立了“方志事物”概念，即方志记述的事物统称方志事物。[②] 这为方志记述事物、编纂事物奠定了分类基础。

一、村志事物的含义

方志事物即记入方志的事物，是构成方志活动的基本要素。它既是方志分类的主要对象和内容，也是方志编撰的基本对象和内容。揭示自然事物、社会

---

① ［晋］陈寿撰，陈乃乾校点：《三国志》，中华书局 1959 年版，第 511—512 页。

② 参见刘文江《方志分类与方志篇目设置》，方志出版社 2010 年版，第 20 页。

事物的相互联系、相互影响，科学归类自然事物和社会事物，不但是自然科学、社会科学的责任和使命，也是社会科学的新学科即方志分类学的学科责任和使命，是方志分类的基本任务和要求。

村志编撰工作始终要依据村志事物的属性，即根据村志事物的内在联系区分事物，依据其共性、个性特征归类事物。村志事物包括村里的自然、政治、经济、文化、社会、生态、人物等事物，都是村域内的事物。村志事物与乡志事物、镇志事物、县志事物等都存在明显差异，认识和把握这些差异是编撰好村志的重要前提条件。

村志事物的概念是依据刘文江先生《方志分类与方志篇目设置》一书界定的：在自然事物和社会事物含义的基础上，组成"方志事物"一词，释义为客观存在的一切自然事物和社会事物，或指自然科学各种学科、社会科学各种学科所研究的一切具体形态、结构和属性的客观存在，包括一切自然和社会现象。方志事物可以划分为自然事物、政治事物、经济事物、文化事物、社会事物、生态事物等，从而形成方志分类学的分类方法。[①]

二、法律法规和党章党规规定的村志事物

村志事物包括村中的自然、政治、经济、文化、社会、生态等历史和现实的事物。村志事物的主体是村中的人和村中的组织，以及人和组织的活动。中华人民共和国成立后，村中任何组织和人都是在一定的法律范围内活动的。认识村中的人和村中的组织以及他们的活动，首先要明确相关法律法规和党章党规的界定。法律法规和党章党规是我们认知农村管理发展的基本依据。

（一）国家法律法规的规定

村民委员会的法律地位、职责职权是我们认识和把握村志事物的重要方面。《中华人民共和国村民委员会组织法》主要规定了村民委员会是村民自我管理、自我教育、自我服务的基层群众性自治组织；明确了村党组织要发挥领导核心作用，乡、民族乡、镇的人民政府对村民委员会的工作给予指导、支持

① 参见刘文江《方志分类与方志篇目设置》，方志出版社2010年版，第20页。

和帮助，村民委员会协助乡、民族乡、镇的人民政府开展工作；规定了村民委员会的组成、职责、选举；涉及村民利益的事项经村民会议讨论决定方可办理；村民委员会要进行民主管理，并接受村民的民主监督。

我们进一步往前追溯，人民公社时期，村是大队，大队直接归人民公社领导。新民主主义革命时期，村政权归乡政权领导。抗日战争和解放战争时期，在抗日根据地和解放区，村政权归区政权领导；在日伪统治区和国民党统治区，村组织归大编乡统治。民国时期，民国十七年（1928），依国民政府《县组织法》，县以下改行区、村（里）、闾、邻制，共分四级；翌年，改村为乡（乡又大于村），改里为镇；1934 年又改行县、乡（镇、村）两级制，村归乡镇领导。清代实行里甲制，依据村的大小，达到 100 户的设保，保归里管辖。

（二）党章党规的规定

中国共产党在抗日战争时期、解放战争时期、新民主主义革命时期、社会主义建设时期、改革开放新时期，长期处于村的领导核心地位。认识和把握这一基本的历史发展进程，是我们修好村志的重要环节。

《中国共产党章程》第三十三条规定："街道、乡、镇党的基层委员会和村、社区党组织，统一领导本地区基层各类组织和各项工作，加强基层社会治理，支持和保证行政组织、经济组织和群众性自治组织充分行使职权。"

《中国共产党农村基层组织工作条例》第九条规定："乡镇党委的主要职责是：（一）宣传和贯彻执行党的路线方针政策和党中央、上级党组织及本乡镇党员代表大会（党员大会）的决议。（二）讨论和决定本乡镇经济建设、政治建设、文化建设、社会建设、生态文明建设和党的建设以及乡村振兴中的重大问题。需由乡镇政权机关或者集体经济组织决定的重要事项，经乡镇党委研究讨论后，由乡镇政权机关或者集体经济组织依照法律和有关规定作出决定。（三）领导乡镇政权机关、群团组织和其他各类组织，加强指导和规范，支持和保证这些机关和组织依照国家法律法规以及各自章程履行职责。（四）加强乡镇党委自身建设和村党组织建设，以及其他隶属乡镇党委的党组织建设，抓好发展党员工作，加强党员队伍建设。维护和执行党的纪律，监督党员干部和其他任何工作人员严格遵守国家法律法规。（五）按照干部管理权限，负责对干部的教育、培训、选拔、考核和监督工作。协助管理上级有关部门驻乡镇单位的干部。做好人才服务和引进工作。（六）领导本乡镇的基层治理，加强社会主义民主法治建设和精神文明建设，加强社会治安综合治理，做好生态环保、美丽乡村建设、民生保障、脱贫致富、民族宗教等工作。”第十条规定：“村党组织的主要职责是：（一）宣传和贯彻执行党的路线方针政策和党中央、上级党组织及本村党员大会（党员代表大会）的决议。（二）讨论和决定本村经济建设、政治建设、文化建设、社会建设、生态文明建设和党的建设以及乡村振兴中的重要问题并及时向乡镇党委报告。需由村民委员会提请村民会议、村民代表会议决定的事情或者集体经济组织决定的重要事项，经村党组织研究讨论后，由村民会议、村民代表会议或者集体经济组织依照法律和有关规定作出决定。（三）领导和推进村级民主选举、民主决策、民主管理、民主监督，推进农村基层协商，支持和保障村民依法开展自治活动。领导村民委员会以及村务监督委员会、村集体经济组织、群团组织和其他经济组织、社会组织，加强指导和规范，支持和保证这些组织依照国家法律法规以及各自章程履行职责。（四）加强村党组织自身建设，严格组织生活，对党员进行教育、管理、监督和服务。负责对要求入党的积极分子进行教育和培养，做好发展党员工作。维护和执行党的纪律。加强对村、组干部和经济组织、社会组织负责人的教育、管理和监督，培养村级后备力量。做好本村招才引智等工作。（五）组织群众、宣传群众、凝聚群众、服务群众，经常了解群众的批评和意见，维护群众正当权利和利益，加强对群众的教育引导，做好群众思想政治工作。（六）领导本村的社会治理，做好本村的社会主义精神文明建设、法治宣传教育、社会治安综合治理、生态环保、美丽村庄建设、民生保障、脱贫致富、民族宗教等工作。”

（三）《关于加强基层治理体系和治理能力现代化建设的意见》的要求

要实现国家治理体系和治理能力现代化，必须加强基层治理体系和治理能力现代化建设。2021 年 4 月 28 日，中共中央、国务院制定《关于加强基层治理体系和治理能力现代化建设的意见》，强调“完善党全面领导基层治理制度”“加强基层政权治理能力建设”“健全基层群众自治制度”“推进基层法治和德治建设”“加强基层智慧治理能力建设”等。在“健全基层群众自治制度”中明确要求：加强村（居）民委员会规范化建设，健全村（居）民自治机制，增强村（社区）组织动员能力，优化村（社区）服务格局。这为我们科学认知新时代农村、把握村志事物具有重要的指导意义。

依国家法律法规和党章党规明确村级组织的职责和任务，是我们认识和把握中国共产党领导村革命、建设、改革开放重要的前提条件，是我们认识村自然、政治、经济、文化、社会历史及现状的重要环节。

三、村志事物的特殊性

编撰村志，首先要对村区域内村志事物进行整体认识、系统思考。共性指一切事物或某类事物共有的性质，它决定该类事物发展的基本趋势。个性指某一事物所特有的性质，是一事物区别于另一事物的根据。它们是由事物矛盾的普遍性和特殊性决定的。共性和个性是辩证统一关系。世界上的一切事物内部，既有自己的个性，又包含着同类事物的共性。把握村志事物的共性和个性特征，才能正确认识和记述村志事物。

（一）村志事物的共性特征

村志事物的共性特征，是指村志事物共有的性质，它决定村志事物的基本趋势，是我们区别认识其个性特征的前提条件。

一是区域性。村志事物都是一定区域内的事物，村志都是记述一定区域内的事物，都属于区域志、综合志。

二是时限性。村志事物都是一定时限内的事物，都具有明确的记述上限和下限。

三是村志事物都包括自然、政治、经济、文化、社会、人物等基本类别。

四是村志编撰必须依法记述村域内村志事物。

（二）村志事物的个性特征

村志事物的个性特征，是指村志事物的特殊性。只有把握村志事物的特殊性，才能正确认知村志事物。

一是法律法规和政策属性变化较多。在不同的历史时期，村的社会属性、法律地位不同，大部分村志事物的属性、名称、功能等都会发生变化，对村志事物的认识、记述也会随之发生变化。

二是村志事物的地域范围小。村志事物仅为一村之自然、政治、经济、文化、社会、人物等事物。

三是村志事物都是建制村或自然村的事物，与乡志、镇志、县志等中的方志事物的历史与现状、政治属性等都有差异。如乡政府与村委会，一个是基层政权机关，一个是基层群众性自治组织，法律地位的不同决定了它的职能、职责以及发挥职能的方法手段不同。

四是村志事物的内容体量较小。村志事物仅为一村之事物，村党政组织职能、社会团体数量及职能、经济发展规模、文化组织与活动等局限在一村范围。

四、村志事物差异决定了村志编撰活动的差异

村志事物与乡志、镇志、县志事物等方志事物的差异，决定了村志编撰工作的差异。

（一）编撰活动的认知视角差异

编撰不同的方志，需要站在不同的视角认知方志事物。刘文江先生在《方志分类与方志篇目设置》中提出了方志视角，即一般视角、主体视角、管理视角、结构视角、发展视角。视角对了，才能正确认知方志事物。其中，首先要把握的是管理视角，即编撰区县志，需要站在区县“一把手”的角度，认知区县志事物；编撰乡镇志，需要站在乡镇“一把手”的角度，认知乡镇志事物；编撰村志，需要站在村“一把手”的角度，认知村志事物。比如大事记记述的标准，如果站在村志的视角看，村里的大事就是村志的大事，但如果站在区志、县志、乡志、镇志的视角看，村里几乎没有大事可记述。

（二）事物的系统结构差异

村志事物分类，重要的是对村志事物系统横纵结构的不断分解。首先是分解出事物的横向结构，也就是事物的基本构成。如果我们把村志事物作为一个系统，它的基本结构即社会事物、自然事物。乡志、镇志与村志事物系统结构

的差异，是村志事物共性特征的内在根据，也是乡志、镇志与村志编撰工作的基本依据和出发点，决定着乡志、镇志与村志编撰工作的各个环节。

（三）编撰过程差异

村志事物差异决定了村志篇目设置，包括在篇目框架中，门类数量、条目层次、条目总量存在差异；决定了村志资料收集，包括资料收集的内容、对象、方法、范围等；决定了村志文字编撰，包括村志的结构、体裁、语言等；决定了村志质量审核，包括审核资质、审核人、审核标准等；决定了村志出版，包括装帧设计、印制数量等。

第三节　把握村志概念

村志是地方志的一个重要组成部分，更是一个需要深入研究的新领域，与县志、镇志、乡志相比较，其具有明显的特征。

一、村志的概念

研究村志，首先需要界定“村志”的概念。对任何一个事物，不同的学科都可以提出不同的概念界定。从方志学的角度，村志的概念可以界定为：

> 村志是记述建制村或自然村自然、政治、经济、文化、社会、生态和人物等村志事物的文献资料，是地方志的一种。

二、村志的内涵

从方志学的角度分析村志概念的内涵，我们可以从以下几个方面把握村志概念的要素，以加深对村志概念的理解和认知。

（一）村志是记述性文体

村志要记述村志事物发生的时间、地点、涉及的人物、起因、经过、结果，每一个村志事物的记述都要体现记叙文的六要素。

（二）村志是记述建制村范围内的事物

村志为一村之志。村志记述的村志事物，必须为同一村的事物。如《马安村志》，只能记述马安村的事物，不能记述非马安村的事物。但一些事物的发生并不在马安村，所以需要按记叙文的要素规定加以记述。如马安村刘某在北京市获征文一等奖，记述时需要写清楚刘某参加北京市什么征文比赛获得一等奖。

（三）村志是全面记述一村事物

村志要全面记述村中存在和发生的村志事物。既不可凭空想象、无中生有，也不可不深入调查研究而漏记、误记。

（四）村志是记述一定时限内的村志事物

每一部村志都有明确的上限和下限，村志记述的内容都是规定时间内的村志事物。在村志记述中，只要是人的活动和人类活动的成果，包括政治、经济、文化、社会、生态和人物等，都要完整记述时限内的村志事物。

（五）村志是文献资料

《地方志工作条例》明确规定，地方志书是指全面系统地记述本行政区域自然、政治、经济、文化和社会的历史与现状的资料性文献。这既明确了村志的资料性特征，又明确了村志的文献特征。

（六）村志是志

村志是地方志的一种。作为志书，在编撰中就要遵循志言、志体、志规，坚持志书要素规范。

村志要记载村志事物“有什么”“什么样”“曾经怎么样”。“有什么”，是用事实资料介绍村里存有的村志事物；“什么样”，是用事实资料介绍村志事物的基本属性；“曾经怎么样”，是用事实资料介绍村志事物的发展历史。

村志不用记载某一村志事物“为什么”“要怎么样”“应该怎么样”“将会怎么样”等。

第四节　把握村志特征

村志是方志的一种。从方志学的角度看，特别是与国家志、省志、市志、区志、县志、镇志、乡志相比较，村志具有多方面特征，我们主要对其地域特征、内容特征和价值特征等进行简单分析。

一、地域特征

地域也叫区域，是指地理上的某一范围。地域分为两种，一种是有明确行政区划界线的区域，即行政区域，也叫建制区域，如房山区、十渡镇都属于行政区域；另一种是没有明确行政区划界线的区域，即自然区域，如太行山地区、燕山地区等都属于自然区域。

浙江的村庄与青海的村庄具有截然不同的地域特征。忽视了这种地域特征，写出的村志要么不是浙江的村志，要么不是青海的村志。

（一）村域是最基层的建制区域

任何一个建制村都有自己的地域范围。村庄东西南北各个方位，凡与其他村相连结的地方，都是有明显的地界。任何一个村的区域，都是乡域、镇域、县域的一部分。村、乡、镇、县、市等建制区域中，村域是最基层的建制区域。

（二）村志是最基层区域的志

记述一定区域内自然、政治、经济、文化、社会、生态和人物等方志事物的志为区域志。省志、市志、区志、县志、镇志、乡志、村志等，都是记述一定行政区域内方志事物的志书，如《房山区志》《水峪村志》《百花山志》《黄河志》等都应该属于区域志。

村志是记述村域自然、政治、经济、文化、社会、生态和人物等村志事物的志，其记述的区域很小。所以，从区域角度说，村志是小区域的志书。

小的区域，决定了村志和村志编撰的诸多特征。

二、内容特征

村志客观记述建制村或自然村村域内的自然、政治、经济、文化、社会、生态和人物等村志事物，与省志、市志、区志、县志、镇志、乡志相比较，具有明显的特殊性。

（一）村志内容体量小

建制村隶属于乡或镇，村的区域空间一般小于乡、镇。北京市较小的乡有8个建制村，较大的镇有40多个建制村。所以，建制村的地域面积、人口总量、政治活动、经济总量、社会组织结构、社会生活空间等都小于乡、镇。村志记述的村志事物的体量一般小于所在的乡、镇。

（二）村志事物覆盖面小

大多数村志事物的影响范围小于乡、镇。一个村的人口少的只有几十人，北京市最小的乡也有几千人。一般情况下，入志的事物最起码是影响区域范围内大多数人的事物。入村志的事物，少的仅影响几十人，乡志、镇志至少影响几千人。

（三）法律政策适用的特殊性

村级政治、经济、文化、社会组织与乡、镇政治、经济、文化、社会组织的法律地位差异，决定了村级政治、经济、文化、社会组织活动的法律适用与乡、镇政治、经济、文化、社会组织活动的法律适用差异，如乡、镇政府是国家基层政权组织，村民委员会是基层群众性自治组织，村的法律地位决定了村志事物法律政策适用的特殊性，这种特殊性决定了村志事物内容的特殊性。把握村志事物适用法律政策的特殊性，是把握村志事物特殊性的重要依据。

（四）村内与村域内事物兼记

村志要记述村内的自然、政治、经济、文化、社会、生态、人物，这是没有争议的。但是历史上或现实中发生在村中而又不是村中人做的事，算不算村志事物？需不需要记述？这是有争议的。

例如，村为乡、镇政府所在地，或者曾有驻村的乡、镇政府，我们在编撰这些村的村志时，要不要记述乡、镇政府？不少同志认为，这不是村内的事情，不需要记述。但笔者认为，应该进行记述，最起码应该记述乡、镇政府驻村的起止时间、基本情况，而不必要详尽记述乡、镇政府履行职能的全部工作和过程。这是因为，村志是区域志，就应该客观记述村域内所发生的各种事物。如果乡、镇政府不用记述，那历史上的一些文化遗址要不要记述？很多历史文化遗址，如寺庙，并不是本村人修建的，要不要记述？所以笔者坚持，村域内发生的事物都要记述。

三、价值特征

村落是人类生存发展的最小社会单元，是人类社会迄今为止不同社会存在发展的基础，是人类社会文明历史最原始的记忆存储空间。任何一部村志，都有其明显的价值特征。

（一）大多是首创性文献资料

官修志书是中国重要的文化传统，但这种文化传统主要存在于县衙以上，绝大多数村庄没有修志的传统。我们编撰的大部分村志都是村里的第一部文献性资料，具有鲜明的开创性特征。大幅度推进村志编撰，开辟了中国村志事业的新纪元。

（二）记住乡愁的第一手资料

村庄的自然、政治、经济、文化、社会生活，是人类农耕文化的主要构成，是工业文明和城市文明的源头和基础，是乡愁的主要内容。而随着人们的现代化生活特别是城市化进程的不断加快，乡愁正随着村落的消失而消亡。只有写好每一部村志，我们才能确保乡愁不在现代化进程中悄悄地逝去。编撰村志，就是留住乡愁、记住乡愁，其任重道远、责任重大。

（三）传承中华优秀传统文化的基础素材

党的二十大报告强调，中华优秀传统文化源远流长、博大精深，是中华文明的智慧结晶。农耕文化是中华优秀传统文化的重要组成部分，建构起耕读为本、家国同构、忠孝节义、天人合一等价值认知模式，是乡村全面振兴的持续精神力量，更是加快建设农业强国的底气所在和自信之源。中华优秀传统文化深深植根于村落的自然、政治、经济、文化、社会生活中，村志是记录中华优秀传统文化的基础素材。编撰村志，全面记录中华优秀传统文化，才能更好地传承中华优秀传统文化。

四、志体特征

村志是以志体为根本特征的村落文献性资料，是最具客观性的综合性文献资料，具有多方面其他文献资料不具备的特征。客观记述、述而不论，是村志区别于其他文体的根本特征。

（一）综合性文献资料

首先，村志是文献性资料。村志编撰是依法进行的资料编撰工作，收集的是法律性、政策性非常强的以及有历史价值或参考价值的文献性资料，不是简单的可有可无的资料汇编。

其次，村志收集的文献资料具有综合性。一部村志记述一个村一定历史时期的自然、政治、经济、文化、社会、生态、人物等村志事物，涵盖了全村方方面面的事物，门类清晰齐全，内容丰富全面，是其他文体的记述所不具备的。

（二）横分门类，纵述史实

村志以全村自然、政治、经济、文化、社会、生态、人物等村志事物为基本类别，设置篇目，按照每一件村志事物的本末顺序加以记载，使全村的大事小情类目明确，每一件村志事物的发展脉络清晰分明，便于阅读和资料查阅。

（三）事以类从，以事系人

村志是以一定的分类标准，将全村的自然、政治、经济、文化、社会、生态、人物等村志事物进行科学分类，先分大类，再分小类，最后再分条目，层层相辖，使村志各部分既相互独立、重点突出，避免大的重复，又相互联系，共同保持有机系统的整体特性。

保存一个村的历史，记述的主体是人。村中的任何一个人都是一个价值体，而每一个人在村中的价值是有区别的。一般的文体，常常是重活人、轻逝者，以人论事，写主政者多，写当代人多。村志编撰，坚持生不立传、以事系人的原则，则可以有效避免重活人、轻逝者的弊端。

（四）越境不书，时空界限明确

村志坚持越境不书的原则，坚持在明确的上限、下限时空内，记述本村的自然、政治、经济、文化、社会、生态、人物等村志事物。不是本村的人不记，不是本村的事情不记，不是本时限内的事情和人物不记，确保资料的本土性、纯洁性以及客观性、科学性。

（五）述而不论

对任何一个人或任何一件事的评价，都需要经过一定的历史沉淀才能更准确、更科学。很多文体在记述人和事的时候，往往难以避开主笔人的情感认知，从而引起不同人群的不同观点，甚至有可能引起不必要的矛盾。村志坚持述而不论，可以有效地避开主笔人的情感认知影响，把对人与事的评价留给历史、留给后人，方能更客观。

（六）客观记述

村志记述村志事物，强调的是客观记述，不得虚构，不得夸张，不得进行各种文学手法的加工，强调一是一、二是二，强调尊重事情的本来面目。

（七）采用语体文、记述体

开门见山，直书有无，客观记录过程或结果，述而不作、引而不论，寓褒贬于史实之中，以翔实的资料取胜。

五、著述特征

村志的编撰要确保资料真实、客观系统，篇目清晰、结构严谨，并符合村落实际，这样，村志才有生命力、有价值。

（一）资料真实、客观系统

资料真实是村志的生命力所在。村志记述的每一件事物都必须是客观存在的村志事物，不是文学虚构的村志事物，更不允许是子虚乌有的村志事物。每一件事物都要事出有因，都要经过严格考证。村志编撰者不能曲意逢迎，不能以偏概全，必须坚持客观系统的编撰原则。

（二）篇目清晰、结构严谨

村志编撰注重篇目设置，强调资料决定篇目、篇目服务服从于资料，要求篇目清晰、结构严谨、内容齐全。

（三）符合村落实际

村志的阅读者主要是村中人，村志写的是村中的人和事，说的是村中的话，流淌的是村中的情。

六、视角特征

不同的读物，有不同的学科视角。编撰不同的方志，需要站在不同的视角认知方志事物。编撰村志，首先需要的是方志学视角，而具体编撰工作则必须站在村志学的视角上。

编撰村志，需要站在建制村的视角，站在建制村“一把手”的角度，审视市县乡镇的自然、政治、经济、文化、社会、生态、人物等村志事物，全面系统把握村志事物，从而编撰好村志。

例如大事记记述的标准，村里的大事就是影响村里大多数人的事。如果站在区县志、乡志、镇志的视角看，村里几乎没有大事可记述。同一类别的一件事，在张村是小事，在王村则可能是大事，这是因为不同村庄各自的历史发展决定了某一村志事物的村志价值。如，张村出过全国劳模，张村某人后来当了乡镇的劳模，这乡镇劳模在张村就是小事，村志里不一定记载。但王村就出过乡镇劳模，王村某人当了乡镇劳模就是一件大事，王村村志就应该记述。

这也是不少县区方志专家在评审村志中把握不准的事情。

七、信息特征

巧妇难为无米之炊。村志资料的量与质，直接影响村志的质量、价值。从信息学的视角看，在村志编撰中，决定村志资料量与质的因素，首先是信息源的状况，其决定信息的产生，决定信息的体量、价值；其次是获取信息资料的能力和水平，有能力和水平才能挖掘有价值的资料；再次是信息资料的甄别，慧眼才能识珍珠。

（一）信息构成简单

村志资料与其他志书资料相比较，信息源构成相对简单，信息渠道相对单一，体量也小。县志的信息源是全县的基层组织、档案资料、历史文献等。村志编撰的信息源，一是村中村志事物的当事人、亲历人、知情人，他们是最主要的信息来源；二是档案馆资料；三是少量的报刊、新闻、影视资料（大部分村很少或根本没有）。

（二）记忆资料为主

村志资料很少有大量的文字、影像资料，大部分历史资料都是当事人、亲历人、知情人的记忆资料。而人的记忆能力和水平是千差万别的，大脑记忆的资料往往缺乏准确性、系统性和全面性，需要修志人员甄别、完善和补充。

八、主编特征

一般情况下，县志、区志的编撰可以参考其他县志、区志的篇目设置，主要依据部委办局及街道、乡镇等系统提供的资料，制订篇目，然后编撰。村志编撰一般是由主编依据编撰经验，并参考其他村志篇目设置，特别是依据村志事物的具体情况，制订篇目，主要依靠召开一系列的座谈会收集、整理资料。村志编撰要确保质量高、工效快，对主编（执笔人）有着一定的特殊性要求。

（一）村志主编要具有一定的编撰经验

村志主编接到一部村志的任务后，经过对村庄的初步了解，能够很快拿出编撰工作方案，设置村志篇目，再经深入调查研究、多方收集资料，不断修订完善篇目。

（二）村志主编要懂农村

村志主编对农村的自然、政治、经济、文化、社会、生态事物，有基本的法律政策认知、基本常识认知、历史发展认知，才能确保编撰工作方案的可行性，特别是确保调查研究的实效性和时效性，才能够深入系统挖掘村中的方志资料。

（三）村志主编要懂中国社会历史发展的一般特征

农村的自然、政治、经济、文化、社会、生态事物，都是中国社会历史发展在一个具体区域的缩影，都包含了不同历史时期的发展特点。比如对村域经济的认识，一要了解封建社会时期村域经济发展的特点，二要了解辛亥革命以后村域经济发展的基本情况，包括民国初的经济、抗日战争时期的农村经济（还要区分国民党统治区、日伪统治区、抗日根据地的农村经济）、解放战争时期的农村经济（还要区分国民党统治区、解放区的农村经济）、社会主义革命和建设时期的农村经济、改革开放后的农村经济。

九、语言特征

村志编撰使用语体文、记述体。所谓“语体文”，即用与口头语言基本一致的书面用语写成符合现代汉语语法规范的文章，所以又叫白话文。使用语体文，能够不远离口语，容易为村民所接受，便于志书村志的普及和运用。所谓“记述体”，实际就是用文字记述，以区别于口述或其他手段的记录。村志的任务是“记述”，这就决定了它只能使用记述体，而不能采用其他文体。村志与其他著作特别是文学作品的显著区别在于它们对文风的要求不同，即使同样是使用语体文、记述体的著作，村志所要求的文风也是不同的。

（一）准确严谨

村志语言，必须实事求是，观点正确，客观准确，严谨精细，一丝不苟，注意逻辑、语法、修辞三者之间的密切关系。在逻辑上，要把话说得对，说得合乎事理；在语法上，要把话说得通，说得合乎民众习惯；在修辞上，要把话说得美，不出现错词、错字和语病。

（二）朴实无华

用字、用词都要客观准确，言简意赅，修饰得当，通俗易懂，不浮夸，不滥用形容词，不用太偏僻、太古奥的字、词，不故弄玄虚，不生造词语，不用含糊不清、模棱两可的字、词。

（三）简洁明了

一些村志因资料难求，所以便长篇累牍以凑字数。胡乔木同志说，“应该要求地方志做到一句也不多，一句也不少”，“所谓简略，就是指每个方面的说明要像打电报、编辞书那样地精练，要惜墨如金”。[①] 该详的详，该略的略。在行文中要做到：明确内容，共事要简；谋篇布局，层次要简；遣词造句，文字要简；融洽群籍，引文要简，尽量做到文约事丰。

---

① 胡乔木：《在第一次全国地方志工作会议闭幕会上的讲话》，中国地方志指导小组办公室编《地方志工作文献选编》，方志出版社 2009 年版，第 120—121 页。

第三章　依法编撰村志

依法治国，必须依法修志。做好村志编撰工作，推进地方志事业发展，必须把村志编撰工作统一到《地方志工作条例》《地方志书质量规定》等要求中，依据法律法规和党的路线方针政策，正确认识和把握村的自然、政治、经济、文化、社会、人物的历史与现状，摒弃各种与修志法律、规范不相一致的理论观点、认识、做法，推进村志编撰工作法制化、科学化。

第一节　村的宪法地位

依法修志，首先要把握宪法规定。村虽然都是地域组织，但是从 1954 年宪法开始，宪法赋予了乡、镇、村（还包括人民公社）等不同的性质，即乡、镇和人民公社是国家的基层政权机关，村民委员会是基层群众性自治组织。

一、宪法中关于乡、镇和人民公社的规定

1954 年宪法第五十三条规定，“县、自治县分为乡、民族乡、镇”。第五十四条规定，“乡、民族乡、镇设立人民代表大会和人民委员会”。第五十六条规定，“乡、民族乡、镇的人民代表大会代表由选民直接选举”。第六十三条规定，乡镇人民委员会分别由“乡长、镇长各一人”“副乡长、副镇长各若干人和委员各若干人”组成。

1975 年宪法第二十一条规定，“地方各级人民代表大会都是地方国家权力机关”，“农村人民公社、镇的人民代表大会每届任期两年”。第二十二条规定，“地方各级革命委员会是地方各级人民代表大会的常设机关，同时又是地方各

级人民政府”。

1978年宪法第三十三条规定，“县、自治县分为人民公社、镇”。第三十四条规定，“人民公社、镇设立人民代表大会和革命委员会”，“人民公社的人民代表大会和革命委员会是基层政权组织，又是集体经济的领导机构”。第三十五条规定，“地方各级人民代表大会都是地方国家权力机关”，“人民公社、镇的人民代表大会代表，由选民经过民主协商，无记名投票直接选举”，“人民公社、镇的人民代表大会每届任期两年”。

1982年宪法第一百零五条规定，“地方各级人民政府是地方各级国家权力机关的执行机关，是地方各级国家行政机关”，乡、镇人民政府实行“乡长、镇长负责制”。第一百零七条规定，“乡、民族乡、镇的人民政府执行本级人民代表大会的决议和上级国家行政机关的决定和命令，管理本行政区域内的行政工作”。第一百一十条规定，“地方各级人民政府对本级人民代表大会负责并报告工作”，“地方各级人民政府对上一级国家行政机关负责并报告工作。全国地方各级人民政府都是国务院统一领导下的国家行政机关，都服从国务院”。

2018年宪法第九十五条规定，“乡、民族乡、镇设立人民代表大会和人民政府”。第九十六条规定，“地方各级人民代表大会是地方国家权力机关”。第九十七条规定，“乡、民族乡、镇的人民代表大会代表由选民直接选举”。第九十八条规定，“地方各级人民代表大会每届任期五年”。第一百零一条规定，乡、镇“人民代表大会分别选举并且有权罢免本级人民政府的”“乡长和副乡长、镇长和副镇长”。第一百零二条规定，“乡、民族乡、镇的人民代表大会代表受选民的监督”。第一百零五条规定，“地方各级人民政府是地方各级国家权力机关的执行机关，是地方各级国家行政机关”，乡、民族乡、镇人民政府实行“乡长、镇长负责制”。第一百一十条规定，“地方各级人民政府对本级人民代表大会负责并报告工作”，“地方各级人民政府对上一级国家行政机关负责并报告工作。全国地方各级人民政府都是国务院统一领导下的国家行政机关，都服从国务院”。

二、宪法中关于村的规定

1982年宪法第一百一十一条规定：“城市和农村按居民居住地区设立的居

民委员会或者村民委员会是基层群众性自治组织。居民委员会、村民委员会的主任、副主任和委员由居民选举。居民委员会、村民委员会同基层政权的相互关系由法律规定。居民委员会、村民委员会设人民调解、治安保卫、公共卫生等委员会，办理本居住地区的公共事务和公益事业，调解民间纠纷，协助维护社会治安，并且向人民政府反映群众的意见、要求和提出建议。”

2018年宪法第一百一十一条规定：“城市和农村按居民居住地区设立的居民委员会或者村民委员会是基层群众性自治组织。居民委员会、村民委员会的主任、副主任和委员由居民选举。居民委员会、村民委员会同基层政权的相互关系由法律规定。居民委员会、村民委员会设人民调解、治安保卫、公共卫生等委员会，办理本居住地区的公共事务和公益事业，调解民间纠纷，协助维护社会治安，并且向人民政府反映群众的意见、要求和提出建议。”

第二节　《地方志工作条例》的规定

为了继承和发扬中华民族优秀文化传统，全面、客观、系统地编纂地方志，科学、合理地开发利用地方志，发挥地方志在促进经济社会发展中的作用，2006年5月18日，国务院颁布《地方志工作条例》（本章简称《条例》），共22条。

一、《条例》颁布的背景和意义

编纂地方志，是我国独有的延续两千多年的优良文化传统。自隋、唐确立史志官修制度以来，历代都把修志作为一种官职、官责，并颁布政令对修志进行统一规范。中华人民共和国成立后，党中央、国务院高度重视地方志工作。1957年，国务院将地方志工作纳入国家12年哲学社会科学规划纲要（草案）。“文化大革命”期间，地方志编修工作因故中断。改革开放以来，地方志编修重新启动。全国首轮省、市、县三级志书规划编纂工作基本完成，第二轮修志工作正在全面展开。

地方志工作作为一项承上启下、继往开来、服务当代、有益后世的文化基础事业，已成为社会主义先进文化建设中的一项系统工程，发挥了存史、资治、教化的重要作用。

总结首轮修志工作的实践经验，地方志工作面临以下问题：一是地方志工作涉及社会生活各个方面，在社会主义市场经济条件下，仍靠过去的行政命令方式组织编纂地方志，已难以适应形势的需要；二是由于没有全国性的法律法规可以遵循，修志工作随意性大、主观性强，各地发展不平衡等问题日益突出，迫切需要通过立法加以规范。

《条例》的制定充分体现了党中央关于“加强文化法制建设”和“要重视哲学社会科学领域立法工作”的精神，《条例》的颁布为保障地方志事业的健康发展发挥了积极的作用。

二、编撰村志必须执行的相关条款

《条例》是地方志工作的基本法规，是一切地方志编撰工作的基本法律依据和行为规范。编撰村志是地方志工作的一部分，必须认真贯彻执行《条例》，并重点学习把握下列条款。

> 第三条　本条例所称地方志，包括地方志书、地方综合年鉴。
>
> 地方志书，是指全面系统地记述本行政区域自然、政治、经济、文化和社会的历史与现状的资料性文献。
>
> 地方综合年鉴，是指系统记述本行政区域自然、政治、经济、文化、社会等方面情况的年度资料性文献。
>
> 地方志分为：省（自治区、直辖市）编纂的地方志，设区的市（自治州）编纂的地方志，县（自治县、不设区的市、市辖区）编纂的地方志。

中国地方志指导小组办公室一级巡视员邱新立在《地方志发展史上的一座里程碑》中指出：此条是在讲地方志的定义和层级问题。[①]

---

① 本节对《条例》的解读，参见邱新立《地方志发展史上的一座里程碑——谨以此文纪念〈地方志工作条例〉颁行十周年》，《中国地方志》2016 年第 5 期，第 4—18 页。下同，不再出注。

关于地方志的层级，《条例》规定的是省、市、县三级。从方志发展的历史看，大致可以说是五级修志，国家层面有一统志，如《大元大一统志》《明一统志》《嘉庆重修一统志》；省级层面有通志、总志等，如嘉庆《广西通志》；府州、地市级层面有府州厅志等，如光绪《顺天府志》；县级层面就更多了；此外，历史上不少地方还修有乡镇志、村志等。社会主义时期大规模开展的新编地方志工作，主流是省、市、县三级修志，经济发达地区的部分乡镇组织编修了乡镇志，甚至一些村也组织编撰了村志。

《条例》对志书只分了三级，即省、市、县三级，没有包括乡、镇、村、街道、社区。那么，乡、镇、村、街道、社区编写出版志书是否违法？关于这一点，首先应明确国务院颁布《条例》的目的，不是要限制地方志书的编写，而是倡导、支持和保证地方志工作的开展，并使之规范、有序、可持续。《条例》第一条讲得很清楚："为了继承和发扬中华民族优秀文化传统，全面、客观、系统地编纂地方志，科学、合理地开发利用地方志，发挥地方志在促进经济社会发展中的作用，制定本条例。"而它的调节范围在第二条也作了明确规定，"中华人民共和国境内地方志的组织编纂、管理、开发利用工作，适用本条例"，也就是全国各级地方志都在这部法规的调节范围之内。那么为什么《条例》只规定省、市、县三级的修志工作，没有写乡、镇、村、街道、社区修志工作？这与当时我国经济社会发展状况有关。对于文化建设，只能提和经济社会发展相适应的要求，不能超越客观许可的条件。《条例》把修志工作的职责交给了县及以上地方各级人民政府，也就意味着修志的责任和义务要由县及以上地方各级人民政府承担，是官职官责，这就使修志工作有了人、财、物的保障。这种职责和义务没有给乡、镇人民政府和村、街道、社区行政管理部门，是因为全国大多数乡、镇、村一级的经济状况和文化水平尚不具备承担这个职责的条件。但《条例》没有规定，并不是限制三级以外的地方修志，而是他们可以不修志，不用承担这个职责。如果条件允许，编写这类志书也不违法。要不要写，应根据自身条件决定。

该条同时规范了志书记述的基本内容及基本篇目顺序。

第六条 编纂地方志应当做到存真求实，确保质量，全面、客观地记述本行政区域自然、政治、经济、文化和社会的历史与现状。

邱新立指出：此条是在讲编纂地方志的指导原则问题。

此条亦可被理解成是对地方志工作指导思想的规定。存真求实的原则来源于中国共产党奉行的实事求是思想路线。自古以来，从事编史修志的文化人用于自律的职业准则是“秉笔直书”，但历史上也出现过不少受当时现实政治的局限，人们不得不违心对某些历史事件和历史人物采用褒扬、贬损或者隐讳等笔法的例子。在《条例》征求意见过程中，一些同志也指出：首轮修志存在的对某些敏感的历史事件避重就轻记述的倾向，就很难称之为信史。这不仅有违我们的职业道德和历史使命，也影响到和谐社会的建立和国家的统一稳定。根据存真求实原则，对首轮志书存在的某些问题，我们在续修时应尽可能地进行补救，这符合中国共产党实事求是的思想路线和存真求实原则。因此，该条规定的核心意思有三层：其一是存真求实，一是一，二是二，不能作虚假记述；其二是确保质量，不能粗制滥造；其三是内容涵盖要全面，要包罗本行政区域自然、政治、经济、文化和社会的历史与现状。这个指导原则是经过广大修志工作者在长期工作实践的经验上反复讨论总结出来的，应当说符合修志工作的实际，同时也体现了我们党发展社会主义先进文化的要求，体现了我们国家关于社会主义精神文化产品的价值标准，对推动地方志工作树立精品意识、坚持精品战略、创造精品佳志具有重要指导作用。

此外，该条也是对确保志书质量提出的要求。质量是地方志的生命，质量问题是关系地方志事业前途和命运的核心问题。为了保证编纂出来的是可读、可用的信史，《条例》从几个方面规定了保证地方志质量的措施：其一，从规定地方志编纂应遵循的指导原则上保证，见《条例》第六条；其二，从规定地方志编纂人员的组成上保证，见《条例》第九条；其三，从规定地方志的审查验收、出版批准制度上保证，见《条例》第十二、十三条；其四，从规定政府要对在地方志工作中做出突出成绩和贡献的单位和个人给予表彰和奖励上保证，见《条例》第十七条。

该条是编撰村志的基本原则。

第九条 编纂地方志应当吸收有关方面的专家、学者参加。地方志编纂人员实行专兼职相结合，专职编纂人员应当具备相应的专业知识。

邱新立指出：此条是对参与地方志编纂的人员的组成和应具备素质的要求。

在首轮修志工作中，地方志系统不同程度地存在着人事管理不适应干部专业化需要的问题。不少地方和部门的修志队伍严重老化，人才青黄不接；有的地方甚至把地方志机构当成安置单位，造成修志队伍整体素质较差。另外，由于地方志部门是有名的“三苦”（艰苦、辛苦、清苦）单位，工作人员的职称、待遇也得不到有效解决，很难吸引或留住具有较高学历和较强业务水平的专门人才。所以，《条例》此条实际上体现了“人员到位”的精神。

根据首轮修志的实践，修志队伍的组织方式基本上为专职与兼职相结合，省、市、县级地方志工作机构大都是专职队伍，有承编任务的部门和行业大都是专职与兼职相结合，吸收各行各业的专家、学者参与审定和修改志稿。实践证明，这种组织方式是行之有效的，应当继续坚持。

在组建地方志队伍时，在人员结构上要注意考虑几种知识类型的结合：一是综合管理型，侧重于行政管理和协调能力，善于整合社会资源。二是专业技术型，其一是文字能力，能胜任编纂出版业务；其二是数字化技术，能胜任计算机、数据库和网上办公服务等；其三是懂图书档案管理和服务。三是行政执法型，《条例》出台后，需要熟悉法律知识的人才胜任行政执法工作。总之，由于受编制的限制，应尽量吸收“一专多能”的复合型人才。

该条不但规范了修志队伍整体的素质要求，也从一定程度上明确了编撰村志人员的基本业务素质要求。

第十一条 县级以上地方人民政府负责地方志工作的机构可以向机关、社会团体、企业事业单位、其他组织以及个人征集有关地方志资料，有关单位和个人应当提供支持。负责地方志工作的机构可以对有关资料进行查阅、摘抄、复制，但涉及国家秘密、商业秘密和个人隐私以及不符合档案开放条件的除外。

地方志资料所有人或者持有人提供有关资料，可以获得适当报酬。地方志资料所有人或者持有人不得故意提供虚假资料。

邱新立指出：此条是在讲地方志资料的征集问题。

这一条主要是明确社会各界对地方志工作的支持之责，是对社会各界提供入志资料的责任和义务的界定，是针对地方志工作的社会性而设的。地方志是全面系统记述特定行政区域自然、政治、经济、文化和社会的历史与现状的资料性文献，离开了社会各界的支持、参与和配合，就会成为无米之炊。过去，社会的法人和自然人对于地方志工作机构所要征集的资料，可以提供，也可以不提供。《条例》明确规定，各地各级机关、社会团体、企业事业单位、其他组织和个人，对地方志工作机构征集有关地方志资料都应给予积极支持，并且不得提供虚假资料。这一规定体现了法规的强制性，任何单位和个人不得以任何借口拒绝承担任务，有助于解决修志工作中少数单位不重视、不支持、不配合、不参与的问题，对于保证地方志记述内容的全面、系统、准确至关重要。

此外，《条例》也指出，在征集资料时要注意三点：一是遵守相关法律法规精神和《条例》的原则，对公益类资源和个人财产要区别对待；二是《条例》规定的社会组织和公民的相关义务不是按照隶属关系确定的，换句话说，根据工作需要，省、市、县各级政府地方志工作机构都有权向辖区内的任何社会组织和公民征集史志资料；三是资料所有人或者持有人提供有关资料，可以获得适当报酬，支付报酬的方式及金额则可因地制宜。

至于第二款“地方志资料所有人或者持有人提供有关资料”之规定，则是为了保证资料的真实性，但有时资料持有人可能也难以辨别资料的真伪，当然不属于故意行为。

第十二条　以县级以上行政区域名称冠名、列入规划的地方志书经审查验收，方可以公开出版。

对地方志书进行审查验收，应当组织有关保密、档案、历史、法律、经济、军事等方面的专家参加，重点审查地方志书的内容是否符合宪法和保密、档案等法律、法规的规定，是否全面、客观地反映本行政区域自然、政治、经济、文化和社会的历史与现状。

对地方志书进行审查验收的主体、程序等由省、自治区、直辖市人民政府规定。

邱新立指出：此条是在讲地方志书审查验收问题。

为保证省、市、县三级志书的质量，1985年中国地方志指导小组制定的《新编地方志工作暂行规定》和1998年制定的《关于地方志编纂工作的规定》对三级志书的审查验收问题均作出过明确规定，而《条例》则将其作为一项重要制度——地方志书的审查验收制度而确定下来。该条核心意思有三层：其一，地方志书文稿经审查验收方可以公开出版。其二，对地方志书文稿进行审查验收的人员，应当是该部地方志书编纂人员以外的，包括保密、档案、历史、法律、经济、军事方面的专家。其三，审查验收的标准有两条硬杠杠，一是合法性审查，即内容“是否符合宪法和保密、档案等法律、法规的规定”；二是学术性标准，即内容“是否全面、客观地反映本行政区域自然、政治、经济、文化和社会的历史与现状”。

审查的方式，各地一般都坚持三审制，即初审（一审）、复审（二审）、终审（三审）。以北京市为例，北京市规定规划志书实行三审制，一审是各承编单位对初稿的自审，二审是组织有关人员对修改稿的再审，三审是由市地方志编委会组织市地方志主编、常务副主编及有关志书的责任审读和特邀人士进行终审。各区县地方志主编和市志、分志主编的职责是，参与各自编纂的志书的终审会，并负责汇报编纂、一审、二审的过程和送审稿的特点、优点、缺点，供终审参考，同时对终审会上提出的意见作解释回答。

至于地方志书审查验收的主体、程序，鉴于中国地方志指导小组及其办公室难以承担全国各省、自治区、直辖市大量新编地方志书的审定验收工作，故

《条例》只规定了国家地方志工作指导机构统筹规划、组织协调、督促指导全国地方志工作的职责，而没有确定其审查验收的职责，它把这项任务交给了各省、自治区、直辖市，《条例》只有一个原则性要求，各地仍按各自习惯安排。实践中各地做法不一，主要有两种模式：一是省、市、县级地方志工作机构（编委会）逐级审查验收；二是全部由省级地方志工作机构（编委会）审查验收。同样是保证志书质量的重要手段，制度的差异反映了各地经济文化发展水平的不同。对此，《条例》没有做出“一刀切”的规定，而是授权各省、自治区、直辖市人民政府对此问题另行规定。

该条同时明确了志书内容的质量要求。

第十四条　地方志应当在出版后3个月内报送上级人民政府负责地方志工作的机构备案。

在地方志编纂过程中收集到的文字资料、图表、照片、音像资料、实物等以及形成的地方志文稿，由本级人民政府负责地方志工作的机构指定专职人员集中统一管理，妥善保存，不得损毁；修志工作完成后，应当依法移交本级国家档案馆或者方志馆保存、管理，个人不得据为己有或者出租、出让、转借。

邱新立指出：此条是在讲地方志的报备和地方志资料管理方面的问题。

此条第一款中的“上级”不应当机械地理解为“上一级”，而是指上面各级。如县级，则其上级单位包括国家、省、地市三级。

此条第二款的重点是在讲文档管理。在首轮修志工作中，某些单位的个别工作人员，由于种种原因，将众人辛苦多年，花费大量人力、物力征集积累的资料或编撰的志稿或损毁遗失，或据为己有，给工作后续开展、事业长远发展造成了难以弥补的损失。但是，当时苦于没有法律依据，对这类行为大都不了了之，无法做出实质性的处罚。《条例》此款即针对这种情况制定，今后再出现此类情况，进行追究就有法可依了。

此外，地方志工作中产生的资料究竟由谁来保管，也有争论。《条例》送审稿提出："与地方志工作有关的文献和在编纂过程中收集到的文字、图表、声像、照片、实物等资料及形成的地方志书稿，由同级地方志工作机构指定专职或者兼职人员集中统一管理，或者移交方志馆，进行妥善保存，个人不得损毁遗失或据为己有。"在征求意见过程中，国家档案局提出，依据档案法，修志之后的资料应当移交各级档案馆保存；加之，当时方志馆还是个新生事物，全国总共就那么几家，名称还不一致（有的叫通志馆），有的是馆、办合一，算不得真正意义上集收藏、展示、服务等功能于一体的"馆"，所以不应该提"方志馆"。为此，中国地方志指导小组做了很多解释工作，反复申述方志馆对于地方志工作未来发展的重大意义，还陪着国务院法制办同志参观了 2004 年 3 月建成开馆的山东省方志馆，留下直观印象，争取他们的理解。最终这三个字被保留下来，也成为后来包括国家方志馆在内的方志馆建设的基本依据。推动地方志立法工作要一直秉持两个原则：一是要将当前地方志工作中亟待解决的重大问题说够、说透，争取得到规范、解决；二是要对这项事业未来做出预期，为其长远发展留下空间。从一定意义上说，"方志馆"就是后一种原则的贯彻。

第十六条　地方志工作应当为地方经济社会的全面发展服务。县级以上地方人民政府负责地方志工作的机构应当积极开拓社会用志途径，可以通过建设资料库、网站等方式，加强地方志工作的信息化建设。公民、法人和其他组织可以利用上述资料库、网站查阅、摘抄地方志。

邱新立指出：此条是在讲地方志的开发利用问题。

近年来，利用地方志宣传本地自然与人文状况，为招商引资、开发旅游资源出谋划策，成为地方志工作的一个新亮点。因此，《条例》对地方志的开发利用作了一条原则性规定，主要有两层意思。

一是明确规定，地方志工作应当为地方经济社会的全面发展服务；县级以上人民政府负责地方志工作的机构应当积极开拓社会用志途径，可以通过建设资料库、网站等形式，加强地方志工作的信息化建设，这是《条例》规定的各级地方志工作机构的重要职能，应该成为一项常规性工作。

二是规定公民、法人和其他组织可以利用上述资料库、网站查阅、摘抄地方志。地方志属于公开出版物，不同于档案资料。档案法及其实施办法规定，国家档案馆保管的档案，一般应当自形成之日起满30年向社会开放；经济、科学、技术、文化等类档案向社会开放的期限可以少于30年，涉及国家安全或者重大利益以及其他到期不应开放的档案向社会开放的期限可以多于30年；档案馆应当定期公布开放档案的目录，并为档案的利用创造条件，简化手续，提供方便；中华人民共和国公民和组织持有合法证明，可以利用已经开放的档案。地方志不同于档案，正式出版的地方志，任何人和单位都可以购买；任何人都可以到图书馆或者方志馆查阅、摘抄地方志作品，包括地方志书和地方综合年鉴，也可以上网查阅、摘抄地方志。但地方志作品有著作权，任何个人和单位使用地方志作品，要遵守著作权法及其实施条例、信息网络传播权保护条例等知识产权法律、行政法规的规定。

该条规定了志书资料的使用要求。

在编撰村志的过程中，地方志工作部门，编撰村志的单位、公司、个人，都必须严格贯彻执行《条例》规定，依法编撰村志。

第三节 《地方志书质量规定》的要求

为确保地方志书的编纂质量，中国地方志指导小组根据国务院《地方志工作条例》和国家关于出版管理的法律法规，在总结修志经验，征求各地和各方面意见的基础上，制定了《地方志书质量规定》（本章简称《质量规定》）。2008年9月16日，中国地方志指导小组印发《质量规定》(中指组字〔2008〕3号)，“现予以印发，请结合本地、本单位实际情况执行”。

一、《质量规定》制定的背景和意义

中国地方志指导小组原常务副组长朱佳木说过：“志书质量是志书的生命，但长期以来，对志书质量一直缺少统一的规范和评价标准。因此，建立志书质

量的标准体系，成为落实‘质量第一’原则的迫切要求，也是地方志工作者的强烈愿望。”① 从20世纪80年代初编纂新方志以来，对志书的质量要求不断提高。中国地方志指导小组于1985年在《新编地方志工作暂行规定》、1998年在《关于地方志编纂工作的规定》中，对地方志书质量提出了要求。第二轮修志工作全面展开以来，碰到的问题越来越多，对质量规范的要求也越来越具体，越来越系统，需要出台更合乎修志实践和时代要求的质量标准体系。2007年4月开始，中国地方志指导小组办公室请专家拟订初稿，于2008年9月出台了《质量规定》。

《质量规定》吸取了新方志编纂的成功经验和教训，将《条例》的质量规定具体化、可操作化，建立了地方志质量标准体系，完善了地方志法规体系，为志书编纂制定了明确的法规依据。《质量规定》将质量观念和质量管理贯穿于修志工作的全过程，为全面贯彻落实《条例》、提高志书质量提供了最新的依据，为评价、验收志书提供了客观的参照标准和基本的衡量尺度，推动了依法修志的历史进程。《质量规定》的出台对于继承和发扬中华民族优秀文化传统，全面、客观、系统地编纂地方志书，存真求实，减少实践过程中的盲目性和随意性，确保质量，发挥志书在促进经济社会发展中的作用，具有重要意义。

二、《质量规定》的基本内容

《质量规定》紧紧围绕地方志编纂工作的各个环节，明确了地方志编纂全过程的规范性要求，确立了科学系统的地方志质量标准体系，是一切地方志编纂工作的基本思想行为规范。

《质量规定》分为9章，第一章总则、第二章观点、第三章体例、第四章内容、第五章记述、第六章资料、第七章行文、第八章出版、第九章附则，共50条。内容涉及政治标准、体例标准、要素（内容）标准、资料标准、行文标准、出版印制标准等。

① 朱佳木：《地方志工作文稿》，方志出版社2009年版，第70页。

地方志工作者在地方志编纂工作中，必须系统学习、把握、执行《质量规定》的各项要求，依法修志。

三、编撰村志必须执行的相关条款

《质量规定》是一切地方志编纂工作的质量规范，编纂任何一部志书，包括编撰任何一部村志，都要严格执行《质量规定》各项规范要求。《质量规定》特别明确，“部门志、行业志、乡镇志等志书的质量要求，可参照本规定有关条文执行”。

编撰村志，要重点研读并贯彻执行下列各条：第一章第二、三、四条，第二章第五、六、七条，第三章第八、九、十一条，第四章第十三、十四条，第五章第十五条至第二十二条，第六章第二十三、二十四、二十五条，第七章第二十六条至第四十一条，第八章第四十二条至第四十八条。以上各条需要逐条、逐款、逐句研读并掌握。

方志人要有责任意识，树立方志质量观，要将对质量建设的重视、推进贯穿地方志工作的始终。明确推动地方志高质量发展，是遵循地方志发展规律的必然要求，是方志事业长盛不衰、永葆生命力的必然要求，是以方志文化引领中华文化、建设社会主义文化强国的必然要求。编撰村志，必须牢固树立方志质量意识，严把质量关，兢兢业业编撰高质量村志。

第四节　国家出版法规规定

编撰村志，要严格执行《条例》第十二条规定“符合宪法和保密、档案等法律、法规的规定”，以及《质量规定》第四十二条规定“符合国家关于出版管理法律、法规及相关规定的要求”。

一、村志中标点符号的用法

正确使用标点符号，是村志编撰的基本要求之一。①

① 参见《标点符号用法》GB/T 15834—2011。

（一）句号

句末点号的一种，主要表示句子的陈述语气。句号的形式是“。”。

句号用于句子末尾，表示陈述语气。使用句号主要根据语段前后有较大停顿、带有陈述语气和语调，并不取决于句子的长短。

有时也可表示较缓和的祈使语气和感叹语气。

（二）问号

句末点号的一种，主要表示句子的疑问语气。问号的形式是“？”。

问号用于句子末尾，表示疑问语气（包括反问、设问等疑问类型）。使用问号主要根据语段前后有较大停顿、带有疑问语气和语调，并不取决于句子的长短。

选择问句中，通常只在最后一个选项的末尾用问号，各个选项之间一般用逗号隔开。当选项较短且选项之间几乎没有停顿时，选项之间可不用逗号。当选项较多或较长，或有意突出每个选项的独立性时，也可每个选项之后都用问号。

在多个问句连用或表达疑问语气加重时，可叠用问号。通常应先单用，再叠用，最多叠用三个问号。在没有异常强烈的情感表达需要时不宜叠用问号。

问号也有标号的用法，即用于句内，表示存疑或不详。

（三）叹号

句末点号的一种，主要表示句子的感叹语气。叹号的形式是“！”。

叹号用于句子末尾，主要表示感叹语气，有时也可表示强烈的祈使语气、反问语气等。使用叹号主要根据语段前后有较大停顿、带有感叹语气和语调或带有强烈的祈使、反问语气和语调，并不取决于句子的长短。

叹号用于拟声词后，表示声音短促或突然。

表示声音巨大或声音不断加大时，可叠用叹号；表达强烈语气时，也可叠用叹号，最多叠用三个叹号。在没有异常强烈的情感表达需要时不宜叠用叹号。

当句子包含疑问、感叹两种语气且都比较强烈时（如带有强烈感情的反问句和带有惊愕语气的疑问句），可在问号后再加叹号（问号、叹号各一）。

（四）逗号

句内点号的一种，表示句子或语段内部的一般性停顿。逗号的形式是“，”。

复句内各分句之间的停顿，除了有时用分号，一般都用逗号。

逗号用于下列各种语法位置：较长的主语之后；句首的状语之后；较长的宾语之前；带句内语气词的主语（或其他成分）之后，或带句内语气词的并列成分之间；较长的主语中间、谓语中间或宾语中间；前置的谓语之后或后置的状语、定语之前。

逗号用于下列各种停顿处：复指成分或插说成分前后；语气缓和的感叹语、称谓语或呼唤语之后；某些序次语（“第”字头、“其”字头及“首先”类序次语）之后。

（五）顿号

句内点号的一种，表示语段中并列词语之间或某些序次语之后的停顿。顿号的形式是“、”。

顿号用于并列词语之间；用于需要停顿的重复词语之间；用于某些序次语（不带括号的汉字数字或“天干地支”类序次语）之后。相邻或相近两数字连用表示概数通常不用顿号。若相邻两数字连用为缩略形式，宜用顿号。标有引号的并列成分之间、标有书名号的并列成分之间通常不用顿号。若有其他成分插在并列的引号之间或并列的书名号之间（如引语或书名号之后还有括注），宜用顿号。

（六）分号

句内点号的一种，表示复句内部并列关系分句之间的停顿，以及非并列关系的多重复句中第一层分句之间的停顿。分号的形式是“；”。

分号表示复句内部并列关系的分句（尤其当分句内部还有逗号时）之间的停顿；表示非并列关系的多重复句中第一层分句（主要是选择、转折等关系）之间的停顿；用于分项列举的各项之间。

（七）冒号

句内点号的一种，表示语段中提示下文或总结上文的停顿。冒号的形式是“：”。

冒号用于总说性或提示性词语（如“说”“例如”“证明”等）之后，表示提示下文；表示总结上文；用在需要说明的词语之后，表示注释和说明；用于书信、讲话稿中称谓语或称呼语之后。

（八）引号

标号的一种，标示语段中直接引用的内容或需要特别指出的成分。

引号的形式有双引号“ “” ”和单引号“ ‘’ ”两种。左侧的为前引号，右侧的为后引号。

引号标示语段中直接引用的内容；标示需要着重论述或强调的内容；标示语段中具有特殊含义而需要特别指出的成分，如别称、简称、反语等。当引号中还需要使用引号时，外面一层用双引号，里面一层用单引号。独立成段的引文如果只有一段，段首和段尾都用引号；不止一段时，每段开头仅用前引号，只在最后一段末尾用后引号。

在书写带月、日的事件、节日或其他特定意义的短语（含简称）时，通常只标引其中的月和日；需要突出和强调该事件或节日本身时，也可连同事件或节日一起标引。

（九）括号

标号的一种，标示语段中的注释内容、补充说明或其他特定意义的语句。括号的主要形式是圆括号“（）”，其他形式还有方括号“［］”、六角括号“〔〕”和方头括号“【】”等。

标示下列各种情况，均用圆括号：标示注释内容或补充说明；标示订正或补加的文字；标示序次语；标示引语的出处；标示汉语拼音注音。标示作者国籍或所属朝代时，可用方括号或六角括号。报刊标示电讯、报道的开头，可用方头括号。标示公文发文字号中的发文年份时，可用六角括号。标示被注释的词语时，可用六角括号或方头括号。

除科技书刊中的数学、逻辑公式外，所有括号（特别是同一形式的括号）应尽量避免套用。必须套用括号时，宜采用不同的括号形式配合使用。

（十）破折号

标号的一种，标示语段中某些成分的注释、补充说明或语音、意义的变化。破折号的形式是“——”。

破折号标示注释内容或补充说明（也可用括号）；标示插入语（也可用逗号）；标示总结上文或提示下文（也可用冒号）；标示话题的转换；标示声音的延长；标示话语的中断或间隔；标示引出对话；标示事项列举分承；用于副标题之前；用于引文、注文后，标示作者、出处或注释者。

（十一）省略号

标号的一种，标示语段中某些内容的省略及意义的断续等。省略号的形式是“……”。

省略号标示引文的省略；标示列举或重复词语的省略；标示语意未尽；标示说话时断断续续；标示对话中的沉默不语；标示特定的成分虚缺。

在标示诗行、段落的省略时，可连用两个省略号（即相当于十二连点）。

（十二）着重号

标号的一种，标示语段中某些重要的或需要指明的文字。着重号的形式是“·”，标注在相应文字的下方。

着重号标示语段中重要的文字；标示语段中需要指明的文字。

（十三）连接号

标号的一种，标示某些相关联成分之间的连接。连接号的形式有短横线“-”、一字线“—”和浪纹线“～”三种。

标示下列各种情况，均用短横线：化合物的名称或表格、插图的编号；连接号码，包括门牌号码、电话号码，以及用阿拉伯数字表示年月日等；在复合名词中起连接作用；某些产品的名称和型号；汉语拼音、外来语内部的分合。标示下列各种情况，一般用一字线，有时也可用浪纹线：标示相关项目（如时间、地域等）的起止；标示数值范围（由阿拉伯数字或汉字数字构成）的起止。

（十四）间隔号

标号的一种，标示某些相关联成分之间的分界。间隔号的形式是“·”。

间隔号标示外国人名或少数民族人名内部的分界；标示书名与篇（章、卷）名之间的分界；标示词牌、曲牌、诗体名等和题名之间的分界；用在构成标题或栏目名称的并列词语之间。

以月、日为标志的事件或节日，用汉字数字表示时，只在一、十一和十二月后用间隔号；当直接用阿拉伯数字表示时，月、日之间均用间隔号（半角字符）。

（十五）书名号

标号的一种，标示语段中出现的各种作品的名称。书名号的形式有双书名号“《 》”和单书名号“〈 〉”两种。

书名号标示书名、卷名、篇名、刊物名、报纸名、文件名等；标示电影、电视、音乐、诗歌、雕塑等各类用文字、声音、图像等表现的作品的名称；标示全中文或中文在名称中占主导地位的软件名；标示作品名的简称。

当书名号中还需要书名号时，里面一层用单书名号，外面一层用双书名号。

（十六）专名号

标号的一种，标示古籍和某些文史类著作中出现的特定类专有名词。专名号的形式是一条直线，标注在相应文字的下方。

专名号标示古籍、古籍引文或某些文史类著作中出现的专有名词，主要包括人名、地名、国名、民族名、朝代名、年号、宗教名、官署名、组织名等。

现代汉语文本中的上述专有名词，以及古籍和现代文本中的单位名、官职名、事件名、会议名、书名等不应使用专名号。必须使用标号标示时，宜使用其他相应标号（如引号、书名号等）。

（十七）分隔号

标号的一种，标示诗行、节拍及某些相关文字的分隔。分隔号的形式是“/”。

分隔号用以诗歌接排时分隔诗行（也可使用逗号和分号）；标示诗文中的音节节拍；分隔供选择或可转换的两项，表示“或”；分隔组成一对的两项，表示“和”；分隔层级或类别。

二、村志中数字的用法

正确使用数字，是村志编撰的基本要求之一。[①]

（一）数字形式的选用

1. 选用阿拉伯数字

在使用数字进行计量、编号的场合，以及现代社会生活中出现的事物、现象、事件，其名称的书写形式中包含阿拉伯数字，已经广泛使用而稳定下来，应采用阿拉伯数字。

2. 选用汉字数字

干支纪年、农历月日、历史朝代纪年及其他传统上采用汉字形式的非公历纪年等，数字连用表示的概数、含“儿”的概数，以及汉语中长期使用已经稳定下来的包含汉字数字形式的词语，应采用汉字数字。

3. 选用阿拉伯数字与汉字数字均可

如果表达计量或编号所需要用到的数字个数不多，选择汉字数字还是阿拉伯数字在书写的简洁性和辨识的清晰性两方面没有明显差异时，两种形式均可使用。如果要突出简洁醒目的表达效果，应使用阿拉伯数字；如果要突出庄重典雅的表达效果，应使用汉字数字。

在同一场合出现的数字，应遵循“同类别同形式”原则来选择数字的书写形式。如果两数字的表达功能类别相同（比如都是表达年月日时间的数字），或者两数字在上下文中所处的层级相同（比如文章目录中同级标题的编号），应选用相同的形式。反之，如果两数字的表达功能不同，或所处层级不同，可以选用不同的形式。

应避免相邻的两个阿拉伯数字造成歧义的情况。

有法律效力的文件、公告文件或财务文件中可同时采用汉字数字和阿拉伯数字。

---

① 参见《出版物上数字用法》GB/T 15835—2011。

（二）数字形式的使用

1. 阿拉伯数字的使用

为便于阅读，四位以上的整数或小数，可采用以下两种方式分节。第一种方式是千分撇，即整数部分每三位一组，以“,”分节。小数部分不分节。四位以内的整数可以不分节。第二种方式是千分空，即从小数点起，向左和向右每三位数字一组，组间空四分之一个汉字，即二分之一个阿拉伯数字的位置。四位以内的整数可以不加千分空。

纯小数必须写出小数点前定位的“0”，小数点是齐阿拉伯数字底线的实心点“.”。

在表示数值的范围时，可采用浪纹式连接号“～”或一字线连接号“—”。前后两个数值的附加符号或计量单位相同时，在不造成歧义的情况下，前一个数值的附加符号或计量单位可省略。如果省略数值的附加符号或计量单位会造成歧义，则不应省略。

年月日的表达顺序应按照口语中年月日的自然顺序书写。“年”“月”可用“-”替代，但年月日不完整时不能替代。四位数字表示的年份不应简写为两位数字。月和日是一位数时，可在数字前补“0”。

计时方式既可采用12小时制，也可采用24小时制。时分秒的表达顺序应按照口语中时、分、秒的自然顺序书写。“时”“分”也可用“:”替代。

含有月日的专名采用阿拉伯数字表示时，应采用间隔号“·”将月、日分开，并在数字前后加引号。

出版物中的阿拉伯数字，一般应使用正体二分字身，即占半个汉字位置。一个用阿拉伯数字书写的数值应在同一行中，避免被断开。竖排文字中的阿拉伯数字按顺时针方向转90度，旋转后要保证同一个词语单位的文字方向相同。

2. 汉字数字的使用

两个数字连用表示概数时，两数之间不用顿号“、”隔开。

年份简写后的数字可以理解为概数时，一般不简写。

含有月日的专名采用汉字数字表示时，如果涉及一月、十一月、十二月，应用间隔号“·”将表示月和日的数字隔开，涉及其他月份时，不用间隔号。

大写汉字数字书写形式：零、壹、贰、叁、肆、伍、陆、柒、捌、玖、拾、佰、仟、万、亿。大写汉字数字的适用场合：法律文书和财务票据上，应采用大写汉字数字形式记数。

阿拉伯数字“0”有“零”和“〇”两种汉字书写形式。一个数字用作计量时，其中“0”的汉字书写形式为“零”；用作编号时，“0”的汉字书写形式为“〇”。

3. 阿拉伯数字与汉字数字同时使用

如果一个数值很大，数值中的“万”“亿”单位可以采用汉字数字，其余部分采用阿拉伯数字。除上面情况之外的一般数值，不能同时采用阿拉伯数字与汉字数字。

第五节　依法依规定义村志事物

村志事物中的自然事物、政治事物、经济事物、文化事物、社会事物、生态事物，都是依据一定的法律法规和规则确定名称、性质、关系、内涵和分类。

一、依据法律法规确定

很多村志事物都是依据法律法规命名、确定地位、确定关系、确定内涵的，运用时，必须懂得相关法律法规。

村民委员会的名称、产生、职责任务等，是2018年宪法第一百一十一条规定的：“城市和农村按居民居住地区设立的居民委员会或者村民委员会是基层群众性自治组织。居民委员会、村民委员会的主任、副主任和委员由居民选举。居民委员会、村民委员会同基层政权的相互关系由法律规定。居民委员会、村民委员会设人民调解、治安保卫、公共卫生等委员会，办理本居住地区的公共事务和公益事业，调解民间纠纷，协助维护社会治安，并且向人民政府反映群众的意见、要求和提出建议。”

村党支部的名称、产生、地位、职责任务等，是《中国共产党章程》和

《中国共产党农村基层组织工作条例》中的相关条例规定的。

《中国共产党章程》第三十条规定："企业、农村、机关、学校、医院、科研院所、街道社区、社会组织、人民解放军连队和其他基层单位，凡是有正式党员三人以上的，都应当成立党的基层组织。党的基层组织，根据工作需要和党员人数，经上级党组织批准，分别设立党的基层委员会、总支部委员会、支部委员会。基层委员会由党员大会或代表大会选举产生，总支部委员会和支部委员会由党员大会选举产生，提出委员候选人要广泛征求党员和群众的意见。"第三十三条规定："街道、乡、镇党的基层委员会和村、社区党组织，统一领导本地区基层各类组织和各项工作，加强基层社会治理，支持和保证行政组织、经济组织和群众性自治组织充分行使职权。"

《中国共产党农村基层组织工作条例》第二条规定："乡镇党的委员会（以下简称乡镇党委）和村党组织（村指行政村）是党在农村的基层组织，是党在农村全部工作和战斗力的基础，全面领导乡镇、村的各类组织和各项工作。必须坚持党的农村基层组织领导地位不动摇。"

《中国共产党章程》第三十二条规定了基层党组织的基本任务。《中国共产党农村基层组织工作条例》第九条规定了乡镇党委的主要职责，第十条规定了村党组织的主要职责。（具体条款见第二章第二节）

二、依据有关政策规定确定

在第一轮修志时，教育、卫生一般归类于文化类别。广义上来说，文化是人们适应自然和社会的产物，凡是人类劳动所赋予的事物都是文化，它既指人类创造的物质、技术，又指人类社会特有的语言、文字、文学、艺术、道德、风俗、习惯、信仰、宗教、法律、规章等。多年来，在政府管理和社会事物分类中，文化事物一般是指组织和个体管理、研究、传播、创作、普及文化知识的活动、手段、产品和媒介。所以，将教育、卫生归属于文化类别。中国特色社会主义文化事物应该划分为文化建设、群众文化、精神文明建设、文化事业等子类别。党的十六届六中全会制定《中共中央关于构建社会主义和谐社会若干重大问题的决定》，提出推动社会建设与经济建设、政治建设、文化建设协调发展，教育、卫生应归属于社会建设范畴。从党的十六届六中全会开始，我们对村志事物的分类就要区别于传统的村志事物分类。

三、依据相关学科理论知识确定

例如对农村生物的记述，我们必须依据生物学理论知识和规则进行记述，植物的名称要标记拉丁文，分类要遵循界、门、纲、目、科、属、种的分类要求。而我们的一些村志没有遵循这一基本的分类要求，而是用一般的文学描述方法分类记述，既不合分类要求，也不合志体要求。

又如农业的分类。我们一般是按照国民经济行业分类法分类。在国民经济行业分类中，农业是指国民经济中一个重要的产业部门。农业的定义分为狭义的农业和广义的农业。狭义的农业，是指种植业，包括生产粮食作物、经济作物、饲料作物和绿肥等的活动。广义的农业，包括种植业、林业、畜牧业、渔业、副业五种产业形式。

四、综合分析确定

有些村志事物是根据相关的法律法规、政策规定、学科理论、历史发展知识等综合分析而确定其名称、性质、关系、内涵和分类。在运用时，必须掌握相关规定和知识，全面分析，综合考虑。

例如，村级管理组织在不同的历史时期，其法律地位是不同的。2018 年宪法第九十五条规定："省、直辖市、县、市、市辖区、乡、民族乡、镇设立人民代表大会和人民政府。"第一百一十一条规定："城市和农村按居民居住地区设立的居民委员会或者村民委员会是基层群众性自治组织。"乡镇政权是国家基层政权，村民委员会是群众性自治组织。但在抗日战争时期，《晋察冀边区县区村暂行组织条例》第六章"村民大会及村民代表会"第四十五条规定，"村民大会为村政最高权力机关"；第七章"村公所"第五十六条规定，"村公所为村政执行机关"。村政权是基层政权。1962 年《农村人民公社工作条例修正草案》第一章"农村人民公社在现阶段的性质、组织和规模"中规定，"农村人民公社是政社合一的组织，是我国社会主义社会在农村中的基层单位，又是我国社会主义政权在农村中的基层单位”，“人民公社的基本核算单位是生产队。根据各地方不同的情况，人民公社的组织，可以是两级，即公社和生产队，也可以是三级，即公社、生产大队和生产队”。人民公社是基层政权。1978年宪法第三节“地方各级人民代表大会和地方各级革命委员会”第三十四条规定：“省、直辖市、县、市、市辖区、人民公社、镇设立人民代表大会和革命委员会。人民公社的人民代表大会和革命委员会是基层政权组织，又是集体经济的领导机构。”人民公社为基层政权。

第四章　编撰村志的工作程序和要点

麻雀虽小，五脏俱全。一部村志，虽然体量较小，但仍是一部志书。村志与乡志、镇志、县志、区志相比，虽然其在体量和内容上存在很大差距，但在工作程序上，不但基本环节不能减，还要增加一些特定的环节。

第一节　编撰村志的一般工作程序

无论做什么工作，都需要全局在胸，方能运筹帷幄、有条不紊。胸无全局，必然是忙于应付、顾此失彼。所以，把握村志编撰的一般工作程序，是编撰好村志的基础条件和前提要求。

一、加强领导，健全机构

每一部村志，都是对一个村自然、政治、经济、文化、社会、生态事物历史与现状的全面认知和科学记述，所以，编撰每一部村志都是一项系统文化工程，组织保障非常关键。

（一）认识到位，保障到位

修志工作不能打无准备之仗，一定要在认识到位的基础上，具备各项保障条件之后，方可筹备、组织编撰村志。

一是认识到位。首先是村“两委”有较强的修志意愿，有一定的村志知识认知，而且能与村民达成修志共识。

二是各项保障到位。其一是村“两委”班子比较坚强有力，村里安定团结。其二是村里有一定的历史资料积累。其三是有能够参与编撰村志的修志人员。其四是有一定的经费保障。

（二）建立专门的工作机构

一是建立村党组织领导的专门工作机构，村“一把手”不能直接负责时，一定要指派副职及有关人员专门负责此项工作，做好村志编撰工作的调度和协调。

二是组建村志编辑部，组成领导有力、专业能力全面的编撰工作队伍。

三是选聘责任心强、熟悉本村历史、了解党在不同历史时期的农村政策、熟悉农村工作、熟悉农村生活、有一定的公文写作功底的同志，参与村志的编辑工作。

四是配备一定数量的调查研究能力、信息技术能力、公共关系能力、文字能力较强的同志，承担资料收集及文字录入、整理工作等。

（三）提高认知，明确责任

编撰村志的过程，就是村里一项文化建设工程的实施过程，也是地方志知识普及宣传的过程。

一是提高修志认知。千年的文字会说话。编撰村志，就是保存村志事物的历史，不但涉及村中家家户户的祖先，涉及家家户户在村中的社会价值，还涉及子孙后代的荣誉和信誉，所以编撰村志是村中的一件大事，村“两委”必须予以高度重视。

二是明确主体责任。无论是村“两委”直接修志，还是聘请第三方修志，或是村“两委”与第三方合作修志，村“两委”都要担负主体责任。

二、总揽全局，制订方案

总揽全局，才能协调各方，整体推进村志编撰工作。这个全局，是具有相对性的两个全局：一个是村“两委”要总揽编撰工作全局，一个是主编（具体承担编撰职责）要总揽编辑工作全局。

（一）村“两委”要总揽编撰工作全局

编撰村志是村中的一件大事，村领导不一定亲自编撰，但要重视村志编撰工作，特别是要把关文稿的审读，把它作为一项基本的工作抓实抓好。村“两委”作为村志编撰的第一责任人，必须明确编撰村志的基本要求、基本工作环节、基本工作任务，及时统筹协调编撰工作中的人、资金、场地等需求，确保编撰工作顺利进行。

村“两委”总揽编撰工作全局具有重要的意义。

一是深入了解村情特别是村历史的有利契机。村“两委”可以更全面、更系统地把握全村政治、经济、文化、社会、生态的历史发展过程，了解村中人物的历史。

二是高质量编撰村志的需要。村干部对村里的事情了解得最清楚，哪些事情记下来有正能量，哪些事情记下来会产生不利影响，底数最清楚。参与村志编审工作，才能更好地对村志内容把关，切实做到有利于全村稳定发展的村志事物切实写好，不利于全村稳定发展的村志事物不记述或暂且存档相关文件资料。

三是切实保证村志事物系统全面的需要。村干部是很多村志事物的决策者、参与者、知情者。参与村志编审工作，对于村志内容的系统性、完整性、准确性具有十分重要的意义。

（二）主编要总揽编辑工作全局

村志主编是村志编撰的统筹人、执行人、实际操作人，要确实做到以下几个“明确”和“到位”。

一是村志主编不但要明确村志编撰的工作全过程，而且能够制订切实可行的村志编撰工作方案，作为全村村志编撰工作的基本工作依据。

二是村志主编不但要明确村志篇目设置的原则和方法，而且能够设置符合本村经济社会发展的村志篇目，作为村志编撰人员的编撰依据。

三是村志主编不但要明确村庄自然、政治、经济、文化、社会、生态等村志事物的特点和历史发展，而且能够制订调查研究全村村志事物的具体工作方案，特别是能够进行行之有效的调查研究，以确保资料收集的全面性、系统性。

四是村志主编不但要明确村庄自然、政治、经济、文化、社会、生态等村志事物的记述要求和方法，而且能够编审相关村志事物的志稿。

（三）制订编撰工作方案

村志编撰工作以方案的制订为先。编撰方案一般包括指导思想、目的意义、目标任务（包括观点、内容、体例、行文规范、印制等）、组织领导、承编者、工作步骤、经费预算、编撰提纲（篇目可附于编撰工作方案后）等。村志编撰方案的制订可以根据编撰任务的不同和实际情况，对上述几个方面的内容进行适当归并，但具体内容不可缺少。

三、科学认知村志事物

要科学认知村志事物，就要把握村志事物的全面性、系统性、客观性、历史性以及法律法规政策和伦理性特征。

（一）全面性

任何一部村志，都要全面记述村域内自然、政治、经济、文化、社会、生态、人物等客观存在的村志事物，门类要全，史实要脉络清晰、轻重有据，不可画蛇添足，更不可丢三落四。

一是村志事物记述要全面。村落无论大小，都是由不同的村志事物构成的村志事物统一体，记述必须全面，不可留下缺憾。

二是学科认知要全面。认知村志的村志事物，要分别以相应的学科理论知识为指导，以便更好地把握每一类村志事物的学科特点。

三是要从致力于国家治理、村落治理的视角看问题。同一件事物，不同的国家治理、村落治理视角与不同的村民认知、学者认知视角是有很大区别的。我们需要兼顾各种视角来认知村志事物。

（二）系统性

任何一个村的村志事物，任何一件村志事物，都具有结构性、层次性、整体性、开放性特征。只有把握好这“四性”，才能记述事物的整体和全貌，突出事物的特点。做到系统性，才能确保村志质量。

一是村志记述的村志事物是一个系统。任何一部村志，都必须分门别类记述一村的自然、政治、经济、文化、社会、生态、人物等客观存在，这样才能科学认知和记述村志事物。

二是每一个村志事物都是一个系统。每一个村志事物，都是在一定的时空条件下形成和发展的，都是一个过程，都有其发生的时间、地点、主体、原因、结果。

（三）客观性

坚持村志记述的村志事物的客观性，是坚持辩证唯物主义和历史唯物主义的基本要求。任何一部村志所记述的事物，都一定是客观存在的、非主观臆造的事物。

一是村志事物发生的原因是客观的，不是臆想和虚构的。

二是村志事物发展的过程是客观的，是真实存在的。

三是村志事物发展的结果是客观的，不是主观推测的。

（四）历史性

任何村志事物都是在一定的历史条件下产生和发展的，都有其客观历史发展环境、发展动因、发展过程，大部分村志事物都是在区县、市、国家发展背景下发生的。认知村志事物发展的历史环境、历史原因、历史阶段性，才能把握其全貌，才能科学记述。

一是把握村志事物在不同历史时期的发展特点。村志的自然、政治、经济、文化、社会、生态、人物等事物，在不同的历史时期具有不同的发展特点。我们只有把握了这些不同特点，才能真正把握和科学记述某一类村志事物发展的历史进程。

二是不同村志事物发生的自然、政治、经济、文化、社会、生态环境，特别是不同历史时期国家、省、市的背景条件，决定了不同历史时期同类村志事物的不同特点，决定了这一村的村志事物与那一村的同类村志事物的区别。我们只有把握了村志事物发生的历史环境，才能准确把握某一村志事物的历史全貌。

（五）法律法规政策和伦理性

村志事物都是一定历史文化的产物，都是在一定时期的法律法规政策和伦理道德文化背景下发生发展的，都带有不同时代法律法规政策和伦理道德文化的色彩。

一是把握村志事物形成发展的法律法规政策背景。自从有国家以来，村落的治理都是以国家治理为前提的。不同时代的村志事物，都具有村志事物存在的那个时代的法律法规政策背景。我们只有把握村志事物形成发展的法律法规政策背景，才能客观把握和记述村志事物的时代法律法规政策特点。

二是把握村志事物形成发展的伦理道德文化背景。不同时代的伦理道德文化都具有一定的历史传承性，不同时代的乡村文明都带有伦理道德文化的印记。我们只有把握村志事物形成发展的伦理道德文化背景，才能全面把握村志事物和记述村志事物的时代伦理特点。

四、科学分类

分类是人类认识问题的前提和基础。科学认识事物，首先要把它们分成不同的类别。不同的学科，都有着具有本学科特点的分类活动，都要用本学科的分类理论指导本学科的分类活动。由于方志学科的特殊性，也就决定了村志事物分类的特殊性。

（一）“类”是事物的属性

“类”是我们现实生活中常用的概念，是认识个别事物某方面性质的重要标准和视角。我们在概述一部分人的行为时常说，“物以类聚，人以群分”。我们在管理中也常讲，要“分类管理”。

概括地讲，“类”就是指具有某种共同属性的若干个别事物的集合，是这些个别事物共有的与其他事物相区别的一种属性，即具有相同性质的物质的共性特征。比如，液体，是水、汽油、煤油等物质概念的集合。

（二）分类就是依据某一属性把事物区分开

分类是指以事物的本质属性或其他显著特征作为根据，从一定的认识视角，把各种事物集合成类的过程。它是人们认识事物、区分事物、组织事物的一种逻辑方法。

一是事物的属性分为本质属性与非本质属性。本质属性是指事物本身具有的、较稳定的、起决定性作用的属性，而且通过这种属性可以与其他事物区别开来。非本质属性是指除了本质属性以外的其他属性。比如，水、汽油、煤油都是液态物质，都具有液态这一相同的物理性质，但这只是它们共同的物理属性，是它们的非本质属性。

二是对事物的分类要求以事物的本质属性作为根本分类根据。这是因为事物的本质属性能揭示事物之间的内在联系，有助于人们深入地认识事物。还以水、汽油、煤油为例，它们虽然都是液态物质，都具有液态这一相同的物理性质，但三者的化学性质是有明显区别的，如水可以饮用，汽油、煤油是不能饮用的；汽油、煤油可以燃烧，水是不能燃烧的。这些区别是由水、汽油、煤油的化学性质决定的，即由水、汽油、煤油的分子结构决定的。只有根据水、汽油、煤油的化学性质，才能从本质上区分水、汽油、煤油，才能深刻认识水、汽油、煤油的本质属性及三者的本质区别和联系。

三是事物的本质属性、非本质属性都可以作为分类依据。对事物的分类，并非一律都要以事物的本质属性作为分类根据。根据人们认识事物的需要，以事物的其他显著特征作为分类根据也是具有实际作用的。

例如，某部村志是这样记述野生植物资源的：

> 少量空地，生长原生野菜有：荠菜、苦荬菜、刺儿菜、苣荬菜、马齿苋（妈莲菜）、猪毛菜、“小猪食”、灰灰菜（藜）、扫帚菜（地肤）、画眉菜、“酸不溜”（酸模叶蓼）；二月兰、蒲公英、狗尾花、曼陀罗花（洋大麻子花）、牵牛花（喇叭花）、小旋花（打碗花）；蒿草、黄花蒿（臭蒿）、婆婆丁、艾草、节节草、虎尾草、狗尾草、猫耳草、鬼针草（婆婆针）、牛筋草、拌根草、灯芯草、鸡爪草、稗草、凉茄儿、扁竹、白茅、蒺藜、拉拉秧、菟丝子、芦苇、蒲草、水葱、浮萍、水葫芦、三棱草、苔藓、狗尿苔。

作者只是把植物和动物区分开了，却忽略了以下三个问题。

一是绝大部分村庄不会仅仅有野生草本植物，一定也有野生木本植物。因为作者在调查研究时没有全面了解农村植物的基本生长状况，所以只介绍了野生草本植物。

二是对于草本植物，作者没有按植物学分类的方法，依据植物的生长特性进行分类，而是以是否可以做菜食用为标准，简单地讲了两部分："生长原生野菜有：荠菜、苦荬菜……；二月兰……三棱草、苔藓、狗尿苔。"但没有讲二月兰等是属于哪类。

三是作者对农村的植物不熟悉，在分类中混淆了可食用与不可食用的野菜。在实际生活中，蒲公英、婆婆丁、鬼针草等都是可以食用的，但作者都将其归为不可食用野菜。

这种分类方法没有按植物的本质属性进行分类，而是按植物的某种非本质属性（是否可食用）进行分类，但又没有全部了解植物的这一属性，所以出现了归类不当的情况。

（三）事物的分类是多视角、多维度的

对于世界任何事物的分类，都不是单一的、固定不变的，而是多视角、多维度的，既可以依据事物固有的属性区分事物类别，也可以用不同的认知方法，从不同的认知角度区分事物类别。

一是事物的分类可以依据事物的不同属性进行分类。由于每一事物的属性都是多方面的，因此可以从不同的角度对事物进行分类。例如，对于某一县长，可以按其职能性质，归入行政领导干部类；可以按其政治面貌，归入党员领导干部类、民主党派领导干部类、无党派领导干部类；可按其民族出身，归入少数民族领导干部类、非少数民族领导干部类；可按其年龄，归入青年领导干部类、中年领导干部类；可按其性别，归入女领导干部类、男领导干部类；等等。

二是辩证唯物主义认为，任何事物都是无限可分的。所以，对事物的分类也是可以连续进行的。根据某种属性特征，可以将具有该属性特征的事物归并为一组，与没有该属性特征的事物区分开来；或是根据诸多事物共同具有的某属性特征的差别区分为许多组，在同一组中再根据另一属性进行区分，从而依次逐级区分下去，形成一个严密的系统。例如，社会事物作为一个类别，可以区分为经济、政治、文化、民生事物，而经济、政治、文化、民生中的每一类还可以继续加以区分。又如，某区要进行全区乡镇发展评比，为了公平，便把全区乡镇划分为山区组、平原组，再进一步排出山区组名次、平原组名次，确定表彰的乡镇。

在村志编撰中，“村”作为管理村中事务的组织，革命战争年代叫村民大会和村公所，社会主义革命和建设时期叫生产大队和管委会，改革开放新时期叫村委会，如何把它们放到一章或者一节之中呢？这是村志事物分类的另一个维度，也就是如何把它们归到一个类别中。以上这些虽然都是管理村中事务的组织，但是一个时期是政权组织，一个时期是经济组织，一个时期是基层群众性自治组织，这是三种性质截然不同的组织属性。把它们归为一类，也就是要找到它们共同的属性，这个共同的属性就是它们都属于村级组织。所以在刘文江先生编撰的村志中，往往都是用“村级组织”作为章的题目，把村党组织、村务管理组织等统筹起来。

（四）人们常用的分类视角

虽然不同的事物有着不同的分类方法，但分类活动也有其一般规律。探索研究事物一般的分类方法规律，是把握事物分类的重要前提。常用的分类视角有如下几种。

一是按照事物的运动形式分类。世界上的任何物质都是运动的物质，人们常常依据其运动形式，把事物归属于自然事物或社会事物。

二是按照事物的性质分类。事物的性质，即一种事物区别于其他事物的根本属性。按照事物的根本属性区分事物类别，是最常用、最基本的分类方法，是自然科学、社会科学常用的分类方法。

三是按照事物的结构分类。事物的结构，即事物各个组成部分的搭配和排列。事物的结构决定事物的性质。按照事物的结构分类，也是自然科学、社会科学常用的分类方法。

四是按照事物的联系形式分类。事物内部、事物与事物之间都存在一定的连接形式，这种连接形式是多种多样的。按照事物的联系形式进行分类，是人们经常采用的事物分类方法。

五是按照事物的功能分类。任何事物都有其基本的功能，又都具有不同方面的功能，事物的功能位往往决定事物的使用价值。

六是按照事物的存在形态分类。世界上的物质都具有各自存在的形态，不同的存在形态决定了事物不同的使用价值。按照事物存在的形态对事物进行分类，是人们认识事物的重要方法之一。

七是按照事物的运动过程分类。世界就是过程的集合体，任何事物都是一个发生、发展和灭亡的过程。人们按照事物发展过程的不同，把自然事物和社会事物分成不同的类别。把握事物的运动过程，是科学认识事物的重要环节。

八是按照事物的空间体积分类。事物的空间即事物的长宽高，也就是事物的三维空间。把握事物的三维空间，是人们把握事物整体性的重要环节。在认识事物的过程中，人们经常按照事物生存和发展空间的不同，把事物分成不同的类别。

九是按照事物的质量分类。任何物体都有自己的质量。按照物体质量的大小来区别各种物体，是人类认识事物的重要方法。

十是按照事物的地理位置分类。任何事物都是在一定的地域空间生存和发展的，都有自己存在的地理位置。

十一是按照事物的运动速度分类。任何物质都是运动和发展的，运动是事物的基本属性。物质运动的速度是不同的。按照物质运动的速度对事物进行分类，使人们认识事物性质的重要环节。

十二是按照事物的用途分类。任何事物都有自己不同的使用价值，而同一种事物往往有多方面的使用价值。按照事物的使用价值对事物进行分类是人们常用的分类方法，更是人们认识事物的重要途径。

十三是按照事物的管理方式分类。管理是人类协调、控制人与自然、人与人相互关系的活动过程，自然事物和社会事物都处在不同的管理方式之中。按照管理方式的不同，把自然事物和社会事物划分为不同的类别。

十四是按照事物的价值分类。事物的价值就是事物的效用或意义。在社会生活中，很多事物都被赋予了商品的属性，价值则是凝结在商品中的一般的、无差别的人类劳动，包括交换价值和使用价值，是商品的社会属性。按照事物的价值对事物进行分类，是人们认识事物的重要方法和途径。

十五是按照事物的生产制造方法分类。很多事物是人类生产劳动的成果，而人类的生产劳动在不同的历史时期、不同的社会环境中都有不同的技术水平、方式方法。按照生产劳动的不同方式对事物进行分类，是人类认识事物的重要方法和途径。

十六是按照事物的组成要素分类。任何事物都是由不同的要素构成的。事物构成的要素不同，决定了事物性质的不同。把握事物基本的构成要素，是把握事物性质和用途的重要环节。按照事物构成要素对事物进行分类，是人们认识事物的重要途径和方法。

十七是按照学科理论分类。人类对自然事物和社会事物认识的深化，形成了人们对自然事物和社会事物类别认识的不断深化，也就是对自然事物和社会事物类别的细化和系统化。随着人类对不同类别事物研究的深化，形成了不同的学科理论。随着学科理论的深化发展，形成了不同学科对本领域研究事物的分类方法。例如，学者把人类的活动划分为经济活动、政治活动、文化活动、社会活动，从而形成了经济学、政治学、文化学、社会学等基本学科，而每一个学科都要依据本学科的特点，把本学科研究的事物进行系统分类，从而形成该学科的分类方法。学科分类方法，是人类认识自然事物和社会事物的基本方法和手段。

（五）常用的逻辑学分类方法

逻辑学分类方法也就是概念分类方法。概念是事物本质属性的反映，是事物分类的基本标准和工具。每一个村志事物概念反映的都是村志事物某一方面的属性。村志事物分类的过程，就是依据概念所包含的村志事物的本质属性，对村志事物进行分析、排列、组合的过程。

一是运用村志事物概念区别一定区域、范围内的村志事物。每一个村志事物都有其具体的概念，每一个村志事物概念都有其明确的内涵，都是对村志事物具体属性的反映。村志事物的本质都是通过村志事物的概念表现出来的。抓住事物的概念，明确概念的内涵，就能准确区分村志事物。例如，教师这一概念的内涵是“担任教学工作的专业人员”，但是在实际中，有在小学“担任教学工作的人员”，有在中学“担任教学工作的人员”，有在大学“担任教学工作的人员”，所以，应将教师分类为小学教师、中学教师、大学教师等。

二是运用村志事物概念建立村志事物结构体系。在篇目设置中，重要的是建立纵列层级结构，即建立属种关系。通过概念的限定，即通过增加概念的内涵以缩小概念的外延，将属概念（上位概念）的村志事物划分出种概念（下位概念）的村志事物，区分出村志事物概念的从属关系，划分出村志事物概念的层级，建立村志事物概念的纵列结构。

三是找到横列结构关系，建立村志事物的网络结构体系。通过划分村志事物的属概念，可以得到具有并列关系的种概念。同一层级的每一个属概念都可以有若干个种概念，从而建立村志事物概念的横向结构。

四是划分的规则。一是划分必须相应相称，划分之后子项（种概念）的外延之和必须等于母项（属概念）的外延；二是每次划分的依据必须同一；三是划分之后子项的外延必须互相排斥；四是划分应该按层次逐级进行，不能越级。

五、客观公正，制定入志标准

古语说，人过留名，雁过留声。人们都期望把自己欣赏的人物记入方志，把自己喜欢的作品载于方志。所以只有先制定入志标准，才能保证入志事物的客观、公正，保证村志编撰的质量，避免在编撰中产生这样那样的纠纷和矛盾。

（一）明确入志标准

入志标准要经过村“两委”班子酝酿协商后明确相应规定，如达到什么样条件的人可以入志，达到什么级别的事物可以入志；哪些人或事物不能入志，或者哪些人或事物此次修志不能入志，可以将这些资料保存起来，重修村志时再斟酌是否入志。

（二）严格执行入志标准

没有规矩不成方圆。有了规矩不执行，比没有规矩的后果更可怕。制定了村志入志标准，就一定要严格执行和把握标准。凡是不够标准的，一律不能入志。

六、全面系统，收集资料

资料是志书的基本素材，一部合格的志书应该是全面反映村的自然、政治、经济、文化、社会等各方面的资料性文献。因此，在收集志书资料时，务必注重资料的全面性、客观性和系统性。

（一）收集资料要广泛

村志资料的信息源单一简单，村志工作者必须下大力气，千方百计收集资料。在村志资料收集中，必须做到广征博引，要从文献、档案、访谈、田野调查等各方面尽可能收集更多的资料。

（二）审查资料要严格

要做到资料真实可信，入志的资料要经过鉴别、考证、核实、筛选，做到“来之有据，信必有证”，对入志的数据一定要仔细核实。收集的资料应力求翔实，要统合古今，要有时代气息，尽可能把记述的事物全面完整地反映出来。

七、科学研究，撰写志稿

志稿的撰写是志书编撰的核心环节，标志着志书编撰已进入核心工作阶段。志稿撰写，实际就是对收集到的资料进行整理、鉴别、归类、消化、吸收，按照设置的篇目分层次进行撰写。

（一）撰写原则：纵述事实，纵不断线

志稿每一个条目的撰写，都要用本末体书写方法，按照事物发展的历史脉络，抓住人物、时间、地点、原因、结果等基本要素，从事物的发端记述到事物的下限，系统、完整记述每一个村志事物。

（二）严格坚持“述而不论”

“述而不论”是志体区别于其他文体的重要表述特征，特别是区别于史体的重要特征。村志在记述村志事物时，强调的是客观记述、中性书写，特别强调只记述不评论，不带编撰者的褒贬观点、态度，以确保村志的客观性，保存村志事物的历史真面目。

（三）深入研究资料

撰写村志文稿，首先是对收集到的资料进行系统的整理、组合、加工、提炼，按照篇目要求，掌握各事物产生、发展、变化，甚至衰落、消亡的全过程，然后按照村志篇目框架和结构，根据占有资料的情况，通过撰写人员对资料的吸收、利用和编排，遵循志体规范进行写作。

（四）准确撰写志稿

众手成志的村志编撰，既要有严格的分工，又要求撰稿人独立认真履行职责，做到相互配合，有分工也有合作，不能凭借个人意愿随意发挥。初稿编撰的质量在很大程度上决定了志稿的质量。

（五）志言志语不可含糊

志言志语是村志区别于小说、散文、报告文学、总结报告等文体的重要特征。村志撰写必须严格使用志言志语，避免使用比喻、夸张等文学语言，时事评论类的政论语言，以及高度概括、注重实效、引导号召类的公文语言。

八、总纂合稿，修改志稿

志稿由不同的撰稿人完成后，必须由主编进行总纂，并进行统合加工。总纂水平的高低，决定着总纂志稿的质量。

（一）主编总纂合稿

总纂要总揽全局，统一指导思想，熟悉乡、镇基本情况，有高超的驾驭能力，对志稿各部分洞察入微、精雕细刻，协调众议、取众家之长，有较高的文字水平，还要修订完善篇目，处理交叉重复的内容，取舍选用资料，统一志稿文体文风，等等。

（二）反复打磨文稿

初稿完成后，要经过反复打磨修改，使村志更趋科学、精练、严谨。修改志稿要从整体出发，从大处着眼、小处着手，要态度认真负责、严谨细致。

九、评审志稿，层层把关

要确保村志记述资料来源规范，内容全面系统、科学准确、详略得当，村志评审要层层把关。

（一）村“两委”严把内容准确、全面关口

编撰村志，村“两委”是第一责任人，必须从审稿开始严格把关。

一是村里的人名、地名、组织名称，必须逐字逐句地阅读审核，不得有一个字的错误。只要有一个字的错误，可能就要引起很多麻烦，必须慎之又慎。

二是村志事物的时间，特别是村中具体的人、具体的事所涉及的时间，必须反复核查，以确保其准确性。

三是审核村志事物是否全面，有没有遗漏，特别是影响人数超过村中过半人口的村志事物是否记述全面了。

四是审核记述的村志事物是否合乎历史事实。

（二）多方面把关

评审村志，评审人员既要有地方志特别是村志专家，还要有了解村志和农村事物的专家、学者、领导等。评审的内容包括体例、篇目结构、行文、图表等，以及村志的思想性、科学性、资料性、真实性等。

十、出版发行

出版是村志成为产品的最后环节，只有完成了出版环节，村志才能真正面世，发挥应有的社会功效。村志的出版要符合国家出版管理法律法规和相关规定。地方志工作历来有重编撰、轻出版的错误倾向，往往在村志编撰过程中花费了很大的精力，到了出版环节轻视专业编辑的意见，不重视出版质量等，造成因没有把好出版关而影响村志整体质量的不必要损失。村志编撰必须高度重视出版质量，抓好出版环节，才能实现村志质量的全面提升。

上述编撰流程各个步骤并非截然分开，往往互相交叉重叠，尤其是村志图文资料的收集、鉴别与整理，将从头至尾伴随整个修志过程。

第二节　编撰村志的工作要点

村志，被某些同行说成是“小志”。从志书的体量分析，这样说有一定的道理。但从完成编撰任务的角度看，“小志”之说是很不科学的界定，凡是参与过所谓“大志”“小志”编写的方志人，都不会得出这个结论。在一定程度上讲，编撰一部好村志，比编撰一部县志还要困难一些，所以必须高度重视编撰村志工作的特殊性。

一、村“两委”班子积极性至关重要

编撰村志，从调查资料开始，每个环节都要有村里人参与。没有村“两委”班子对村志的正确认识，没有村“两委”班子的积极参与和组织协调，资金不到位，人员不到位、不配合，编撰工作几乎是寸步难行，完成编撰村志任务几乎是不可能的。编撰村志，是功在当代利在千秋的文化工程，是村“两委”班子不可推卸的职责。推进村志编撰工作，必须进一步明确村“两委”班子的工作职责和任务要求，切实调动村“两委”班子的积极性。

二、把握认识村志事物的要点

村志事物的特殊性，决定了村志编撰中篇目设置、资料收集、志稿撰写的特殊性。一部村志的体量不大，但编撰一部村志所花费的功夫不亚于编撰一部乡镇志。编撰村志，要从以下几个要点把握村志事物。

（一）在乡、镇、县历史脉络中把握村志事物

乡、镇、县历史发展的基本脉络，规定了村志事物发展的基本脉络。任何一件村志事物，都是在乡、镇、县历史发展背景下发生的。只有比较清晰地把握了乡、镇、县历史发展的基本脉络，才能更好地梳理村志事物发生发展的时代背景和发展的基本规律，从而科学认知村志事物。

（二）把握村志事物的一般属性

要通过多方面学习、补课，比较系统地把握农村自然、政治、经济、文化、社会、生态历史与现状的基本知识。不但要了解各村志事物一般的历史进程，还要了解其在不同历史阶段的历史进程，特别是要对中华人民共和国成立以来和改革开放以来农村社会心理有基本的了解，能够融入调查对象的生活实际特别是其内心世界，与调查对象有共同语言。

（三）把握村志事物的特殊性

无论是指导村志编撰，还是直接参与村志编撰，都必须把握村志事物的特殊性，把握不同村志事物结构的特殊性。如在中国共产党领导中国革命、建设、改革开放的进程中，土地的所有权与经营权改革贯穿始终，村级组织一度是一级政权机构，生产大队是人民公社的经济和社会管理组织，改革开放后村党组织是最基层的农村党组织，村委会是基层群众性自治组织。不把握村志事物的这些特征，我们就无法正确认识百年来的村志事物。科学编撰村志，不能带着区县志、乡镇志事物的印象，盲目进行村志篇目设置、资料收集、志稿撰写等工作。

（四）要在大量的历史资料中挖掘村志资料

绝大部分村庄能够收集到的村志事物资料，主要是近代的资料，是中国共产党领导中国革命、建设、改革开放以来的村志事物资料。这些历史资料很多只是只言片语的信息，需要对其进行深入研究，形成客观的历史资料。

（五）要客观分析村志事物

一方面村志事物大部分靠代代口传记忆，另一方面村里人不一定了解村里事。在村志编撰过程中，村志事物的听说者、参与者、决策者对事情真相的把握差别很大，再加上记忆特点不同，对过去的事情记忆千差万别，所以对村志事物的叙述总是存在这样那样的差异。修志者要善于以国家、市、区县历史资料为背景，对照分析村志事物，深入研究村志事物，形成正确的村志事物资料。

三、善于开展农村调查

没有调查就没有发言权。编撰村志，是编撰者农村调查能力的突出体现。没有深入调查研究，就没有翔实可靠的一手村志资料。编撰村志需要调查的资料，贯穿的时间长、涉及的内容多、细节要求严格、调查对象认知能力和表达能力参差不齐等，需要调查者对调查对象的亲和能力强、调查任务明确具体、调查问话简洁明了便于回答、把控调研方向能力强。调查对象要有重点，尽量在村“两委”班子的安排协助下，重点调查那些当事人、亲历者、关注者、有一定认知能力者，不宜遍地撒网。调查活动最好有村“两委”班子的人参加，不提倡调查者独自行动。

村志资料主要的收集渠道是座谈会调查，调查对象主要是通过大脑的记忆为调查者提供资料。开好座谈会，最重要的是调查者要与调查对象有共同语言。有共同语言，话才能说到一起，才能更好地引导调查对象按照调查者的思路共同探索村中发生过的事物。要有这种共同语言，一是调查者要有农村情商，在思想深处对调查对象足够尊重。二是调查者要使调查对象感觉到其对农村事物有足够的认知水平，认同其是村里人，是了解村里大事小情的人。三是调查者要站在村里人的角度看问题，而不是站在宣传报道的角度看问题，不是用官话、套话和村民交流。四是调查者必须全面系统地了解农村。比如说到办高级农业生产合作社，调查者只有了解国家办高级农业生产合作社的背景、时间、基本的政策要求，才能真正引导调查对象回忆村里办高级农业生产合作社的过程。

四、坚持正能量原则

编撰村志，不仅是一项文化工程，更切实关系到村里方方面面的社会关系，所以修志者必须严格把握以下几点。

（一）把握“三不”原则

凡是会引起村内不团结、不和谐、不稳定以及对村内工作不利的事，凡是会引起村干部与群众反感、不高兴的事，不能做。

凡是会引起村内不团结、不和谐、不稳定以及对村内工作不利的话，凡是会引起村干部与群众反感、不高兴的话，不能说。

凡是会引起村内不团结、不和谐、不稳定以及对村内工作不利的内容，凡是会引起村干部与群众反感、不高兴的内容，不记述。

（二）把握延缓入志方法

收集到的不符合入志标准，但确有历史价值的资料，要与村党支部商议，依据村党支部的意见处理，有些事物可以放到重修村志时收入。

（三）转交相关资料

收集到的违反党纪国法、廉政纪律的资料，要视情况或转交村党支部，或转交上级党委主管部门。

（四）明确修志任务

编撰村志的主要任务是存史、资治、教化。不能让干部、村民产生错觉，认为修志是要解决什么发展问题或历史遗留问题。

五、严格把握村志入志标准

编撰村志，要从始至终给村里增加正能量。为了减少修志中可能在村中引起的不必要的争论，也为了保证村志编撰的质量，在启动村志资料收集之前，最好在制订工作方案时，就明确村志事物入志的标准。有了明确的标准，就可以减少很多麻烦。这些标准需要依据村里的实际情况确定，主要包括：

> 村组织中的干部写到哪一级？例如党支部，是只写书记，还是写到副书记、支部委员、党小组长？
>
> 村中什么级别的组织可以入志？
>
> 村中或个人获得的奖励，什么级别可以入志？
>
> 村中的哪些人属于游子？游子的行政职位、技术职称到什么级别可以入志？
>
> 村中或村外人对村中的人、村集体的捐助，达到多少金额可以入志？
>
> 村集体或个人在什么级别刊物发表的作品可以入志？

凡是在修志中可能引起争议的事项，都要事先明确入志标准。

第五章　把握村志体例与篇目设置

方志体例是指方志的表达形式，是方志所以谓方志的内在依据。篇目是一部方志的编撰指南和框架、结构图、施工图，既是方志资料的收集导向，也是方志的编写提纲，对方志编撰具有十分重要的作用。因此，村志篇目设置直接关系资料的收集、内容的撰写以及村志的整体质量和使用价值。

第一节　村志的体例

一部优秀的村志，不仅要有丰富的资料、正确的观点，还要有科学的表达形式。村志内容的特殊性，决定了其体例的特殊性。村志体例主要包括村志书名、结构、体裁、章法等。

一、村志冠名

暂时依据《地方志书质量规定》要求冠名，即“以下限时的本行政区域名称冠名”，如《××村志》。

二、基本结构

村志的结构要坚持志体，一般是以下两种。

（一）纲目体

又叫门目体。即在篇目结构中，先设置总纲，也就是大类，各纲之下分目，目以类聚，以纲统目，故称之为“纲目体”。这种体例的优点是分类醒目，层层递进，眉目清晰，纲举目张，便于查阅。由于纲目体的优点明显，至今仍被广泛采用。

（二）章节体

章节体是指以章节为层次编排内容的篇目结构形式，篇目层次至少在二层以上。章节体的特点或者说是优点是结构严谨，层层递进，且上下层之间必须具有领属关系。但章节体结构要求过于严谨，如在章下面必须要有两节以上，若节下面要设目，也必须要有两目以上，并且全书要求统一。但方志的特点就是纵向统合古今、横向无所不包，各门类的资料有繁有简、有长有短，有的可能一直到子目，有的也许到节的层次就没有了。在这种情况下，运用章节体，统一要求每个门类都写到目或子目、细目，显然是削足适履、画蛇添足。

村志结构以适宜村志编撰为根本。根据村志的实际情况和当代人的审美习惯，采用章节体较为方便。村志事物体量相对较小，设置章、节、目三个层次即可，如内容需要，可以设置篇、章、节、目四个层次，甚至设置五个层次。

三、基本体裁

方志的体裁是指方志的文字表现形式。随着时代的发展，逐渐形成了述、记、志、传、图、照、表、录等体裁。要科学把握各种体裁，即“体裁运用得当，以志为主”。

（一）述

主要指全书概述与章下序、节下序。可根据村志内容层次的不同，合理设置。概述，即大略叙述村志事物发展全貌和特点等，为必须的内容。序，即大略叙述全章、全节内容等，可根据编撰情况确定。

（二）记

包括大事记、专记、编后记。

大事记是按入志标准选出的事项。选录大事要得当，重要事项不漏，时间、地点、人物（单位）、结果等要素齐备。个别不易编入章节的，可以在大事记中记述。

专记，设置要因事制宜，选题严格，数量适度。

编后记，要重点反映修志始末。

（三）志

村志中记述自然、政治、经济、文化、社会、生态等历史与现状的主体。关键是门类设置要合理。纵述史实要把握事物的发端、变化和现状，不缺失主要事物、事物的主要方面和事物发展的重要阶段。

（四）传

关于人物的记述。立传人物为在本村有重大影响者，以及本籍人物在外地有重大影响者。

（五）图与照

图、照可以直观记述某一场景，要注重典型性、资料性，从不同角度反映变化的情况。

卷首插图包括本行政区域位置图、地形图、行政区划图、交通图等。地图采用国家测绘部门和有关部门绘制或者审定的。重要地理信息数据采用测绘部门公布的法定数据。

照片无广告色彩。除人物传、人物简介外，不要有个人标准像。

（六）表

要设计科学合理，要素齐全，内容准确，不与正文简单重复。

（七）录

附录的原始文献、补遗考订等资料要具有重要存史价值。

第二节　篇目设置的原则要求和方法步骤

一部村志的好坏优劣，首先取决于篇目的设置是否科学。村志的篇目设置是一个科学规范的过程。《地方志书质量规定》第十二条规定：“篇目设置符合‘事以类聚’‘类为一志’的基本要求，科学分类与现实社会分工（现行管理体制）、全志整体性与分志相对独立性的关系处理妥当。整体布局合理，结构严谨，归属得当，层次分明，排列有序。类目的升格或降格，使用适当。标题简明准确，题文相符，同一门类各级标题不重复。”

一、篇目设置的基本原则

篇目的设置工作是村志编撰准备工作的重中之重，是村志编撰的基础工程。合理设置体例完备的村志篇目，是编撰一部合格村志的前提。篇目的设置如修盖房子时的四梁八柱。没有四梁八柱，就盖不成房子；没有科学的篇目设置，就无法编撰高质量的村志。磨刀不误砍柴工。村志篇目的科学规范设置，不但是合理架构四梁八柱的有效劳动，也是编撰高质量村志的有效劳动。

（一）横分门类，横不缺项

这是方志文体区别于其他文体的显著特点，也是合理记述方志事物的前提和基础。

“横分门类”即“横排”，使读者能够从村志的一级标题中把握该村村志事物的主要类别。也就是在村志的篇目中，要有最基本的自然、政治、经济、文化、社会、生态内容的篇目。村落的发展具有很强的共性特征，不管一级标题怎么表述，都要有这些基本类型。“横不缺项”，就是强调不能缺少这些基本类别。缺少这些基本类别，编撰的村志就是不完善的村志，就是不负责任的村志。

“横分门类，横不缺项”的原则，在实际的篇目设置中会出现一些特殊情况，这时，常常采用“升格”“降格”的方法处理。比如一个新建的城中村，其自然环境内容可能很少，撑不起一级标题的内容要求，这时可能会把它做“降格”处理，放到相应的二级标题中。而有的传统村落，其村中古宅很有特色，又有丰富的内容和资料，这时可能会把它做“升格”处理，将三级标题变为二级标题，或将二级标题变为一级标题。

在这里我们要注意的是，自然、政治、经济、文化、社会、生态类目的排列，是《地方志工作条例》规定的。第一轮修志时期，《地方志工作条例》还没有颁布，区县志都是按照国民经济行业分类标准进行的篇目设置。在第二轮修志中，一些方志工作者沿用第一轮修志的篇目设置，这是不妥当的。我们要依法修志，就要执行《地方志工作条例》的规定。

（二）纵列章节，逻辑严谨

一是依据《地方志工作条例》和村志事物实际，设置自然、政治、经济、文化、社会、生态、人物等一级标题（章）。

二是对每一个一级标题（章），依据其学科理论知识和逻辑分类方法，划分出每个一级标题（章）下的二级标题（节）。每个一级标题（章）下需要有两节二级标题（节），二级标题（节）方可成立；如果二级标题（节）只有一节，不宜设二级标题（节）。

三是对每一个二级标题（节），依据其学科理论知识和逻辑分类方法，划分出每个二级标题（节）下的三级标题（目）。每个二级标题（节）下需要有两个三级标题（目），三级标题（目）方可成立；如果三级标题（目）只有一个，不宜设三级标题（目）。

以此类推，确立四级或更多级标题。

（三）升格降格，变化有据，突出特色

篇目的升格和降格，是篇目设置中常有的现象。篇目升格，是由村志事物的特殊性决定的，对突出村志事物特色具有重要意义。

由三级标题变为二级标题，或者由二级标题变为一级标题，都是标题的升格。升格的依据就是该类别的内容具有很强的典型性或代表性，故由下一级类别升格为上一级类别。

由一级标题变为二级标题，或者由二级标题变为三级标题，都是标题的降格。降格的依据就是该类别的内容不能单独成为上一级标题。

（四）生不立传，以事系人

人们常说，盖棺才能论定。人不盖棺难以论定，故而生不立传。生不立传，是编撰方志的传统，是编撰村志必须遵循的规矩，也是非常重要的篇目设置原则。对于在村中确实有过重大贡献的在世之人，可以在记述相关事件时，记述与之相关的人物，以记录该人物的历史贡献。

二、篇目设置的要求

村志事物的分类直接决定村志编撰的水平和质量。明确村志事物分类要求，对于科学编撰村志具有重要意义。

（一）坚持《地方志工作条例》的基本分类标准

《地方志工作条例》《地方志书质量规定》是村志篇目设置的基本依据。《地方志工作条例》规定，地方志书“全面系统地记述本行政区域自然、政治、经济、文化和社会的历史与现状”。党的十九大报告指出：全面建成小康社会，“统筹推进经济建设、政治建设、文化建设、社会建设、生态文明建设”。

贯彻落实党的十九大报告精神，依据《地方志工作条例》《地方志书质量规定》等相关条例规定，加之方志一般记述人物，所以，村志事物的基本类别就是自然、政治、经济、文化、社会、生态、人物七类。

（二）坚持以系统理论为指导

系统理论研究事物的整体性、结构性、层次性和开放性特征，科学揭示了世界一切客观事物运动的规律和特点，是我们客观认识事物（包括自然事物和社会事物）系统结构的方法和工具，也是村志编撰工作的重要方法论、认识论。坚持系统理论的指导，我们才能准确把握村志事物的相互联系和影响，正确区分村志事物类别。

（三）坚持以相关的学科理论为指导

由于方志学学科理论体系尚未完善，我们在研究村志事物的具体类别时，没有相应的学科理论做指导。所以，对村志事物基本类别的认知，需要借助相关的学科理论来指导。没有相关的学科理论做指导，就没有对村志事物系统的综合性分析。比如我们记述某村的经济，就必须以相应的经济学理论作为指导，才能科学认识该村的经济现状和发展历史。

坚持以相关的学科理论为指导，还有一个具体的原则，即以哪些学科理论为指导。我们记述村志事物中的政治事物，需要以政治学学科理论为指导，但在政党等重大问题上，西方的一些政治学理论与马克思主义的政治学理论是大相径庭的。我们应以中国特色社会主义政治学理论为指导，才能客观准确地记述中国特色社会主义建设的实际。

（四）坚持实事求是、与时俱进

在改革开放不断深化的今天，面对复杂的自然事物和社会事物，人们必然产生多元的认识方法。笔者认为，必须以习近平新时代中国特色社会主义理论为指导，从中国特色社会主义建设事业的实际出发，认识村志事物，指导村志事物分类。村志事物分类和其他方志事物分类一样，必须是对客观存在的现实事物的分类。离开中国特色社会主义建设的实际记述村志事物，就不能客观地记述村志事物，就不能实事求是、与时俱进地记述村志事物。

（五）坚持科学的分类视角

从目前的研究来看，自然事物和社会事物基本的分类视角在 20 种左右，每一种又有多种具体的分类方法。所以，对村志事物分类，选择明确分类视角至关重要。坚持科学的分类视角，就要把握以下两点。

一是把握同一视角看问题。同一视角看问题，是解决问题的重要方法。无论是在方志界还是社会其他各界，不少问题争论得很激烈，争论的时间很长，但由于视角不一样，不可能有统一的认识，从而造成不必要的资源损耗。坚持一致的分类视角，是村志事物分类的重要前提。只有坚持一致的分类视角，才能在分类的认识和方法上达成共识，避免无休止的和没有必要的争论，保证修志的进度和质量。

二是把握不同视角看问题。任何一类方志事物，都可以从不同视角进一步分类。从不同视角分析同一事物，可以得出不同的分类结果，从而增强我们对同一事物多样性的认识，这对于我们科学认知村志事物、准确把握村志事物本质具有重要作用。

（六）坚持方志基本功能

方志的基本功能是存史、资治、教化。在村志事物分类的指导思想及适用理论和方法上，都必须考虑对事物类别的确立是否有利于实现村志的功能。要努力探索村志功能最大化的村志事物分类方法，提高村志事物分类的水平和质量。

（七）突出村落特色

实现村志功能，重要的是找到村志事物的特殊性，找出能反映本村特色的事物，深入分析反映村特色事物的属性，以科学记述村事物。如村名特色，在华北地区的村名中，对含有“口”“镇”“坞”“务”“堡”“关”“庵”“寨”

“营”“屯”“城”“坟”“场”“磨”“堡”等的村名需要深入探讨。

俗话说，三里不同俗，五里不同音。每个村庄各有特色，找到了特色，才能彰显该村的自然和历史文化特点，才能科学编撰该村村志。

（八）适应村志体量小的特征

村志事物的体量小，这是村志最基本的特征。村志篇目的设置必须坚持量体裁衣的方法，要依据村志的实际体量设置篇目，篇目的架构不宜过多，篇章不宜过多，层次不宜过多，否则就没有资料可写。一些村志套用县、市志的篇目设置，四梁八柱的架子搭得很大，但没有那么多建筑材料，这样的房子不如不盖。

（九）把握村志篇目的动态化特征

任何一部村志篇目的设置，都是一个动态过程。从用于收集资料的篇目设置，到村志完稿时的村志篇目，是一个不断调整完善的过程。整个过程中，无论是增加章节目还是减少章节目，无论是章节目降格还是升格，都要遵循篇目服从资料、资料决定篇目的原则，不断完善章节目篇目。

三、一级标题（章）的设置

编撰每一部村志，首先是要设定一级标题（章）。①

（一）初步设置 7 个一级标题（章）

依据《地方志工作条例》和方志事物构成，即围绕自然、政治、经济、文化、社会、生态、人物事物确定村志事物的七大基本类别，可以初步设置 7 个一级篇目（七章）。

第一章　自然

第二章　政治

第三章　经济

---

① 村志篇目设置，要运用方志事物分类方法对村志事物进行分类。对于基本的分类方法，请参阅刘文江先生《方志分类与方志篇目设置》第五章“综合志事物分类与篇目设置”（方志出版社 2010 年版，第 130—164 页）相关论述，这里只引用相关结论。

第四章　文化

第五章　社会

第六章　生态

第七章　人物

村志编撰者需要以 7 个一级篇目（七章）为基础，通过对各章内容的系统深入分析，统筹安排，最终确定一级标题（章）的数目。

（二）依据村志事物升格原则增加一级标题（章）

如有村志事物升格，可以增加一级标题（章）。在村志事物归类中，有些内容与各基本类别都有联系，如果分散到各基本类别记述，就显得很零散，一般情况下，就需要考虑把这类事物升格为一章。

在村的历史发展中，中华人民共和国成立以来特别是改革开放以来，新农村建设中的基础设施建设，既是经济社会发展的必然进程，也是经济社会发展的客观现实和重要亮点。单独为其设立章节，才能客观反映村的时代发展特色。这时，可以将村志事物的一级标题（章）增加到 8 个。

第一章　自然

第二章　政治

第三章　经济

第四章　基础设施

第五章　文化

第六章　社会

第七章　生态

第八章　人物

（三）突出特色，将有特色的村志事物升格为一级标题（章）

比如“经济”一章，旅游经济仅是村经济的一部分，一般情况下，作为“经济”章的一节就可以了。但是不少村的旅游经济发展很有特色，就需要把

“旅游经济”一节升格为“旅游”一章，这样既突出了村经济发展的特色，又能全面记述村旅游事业的发展。这样，方志的一级标题（章）就变成了 9 个。

第一章 自然

第二章 政治

第三章 经济

第四章 旅游

第五章 基础设施

第六章 文化

第七章 社会

第八章 生态

第九章 人物

其他各基本类别的分析，同样需要这样考虑。

四、二级标题（节）、三级标题（目）的设置

依据自然、政治、经济、文化、社会、生态学科理论特别是方志分类要求和国民经济行业分类标准，对 9 个一级标题（9 章）内容逐章进行系统分析，进一步划分出二级标题（节），即完成各一级标题（章）下二级标题（节）的设置。再进一步划分出三级标题（目），即完成各二级标题（节）下三级标题（目）的设置。

（一）自然地理

依据自然地理（区域地理）分类方法进行分类，可将一级标题（章）“自然地理”的二级标题（节）设置为“建置沿革”“自然”“地质”等，初步建立“自然地理”一章的二级标题（节）。

对“建置沿革”“自然”“地质”等二级标题（节）进一步划分，建立三级标题（目）。如二级标题“自然”可进一步划分为“自然环境”“自然资源”“自然灾害”等 3 个三级标题（目）；二级标题“地质”可进一步划分为“地貌”“地质灾害”等2个三级标题（目）。

（二）政治

依据政治学分类方法进行分类，可将一级标题（章）“政治”的二级标题（节）设置为“村级组织”“重要活动”等，初步建立“政治”一章的二级标题（节）。

对“村级组织”“重要活动”等二级标题（节）进一步划分，建立三级标题（目）。如二级标题“村级组织”可进一步划分为“党组织”“政权组织”“自治组织”“民兵组织”“群团组织”等三级标题（目）；二级标题“重要活动”可进一步划分为“组织建设”“军事活动”“改革”等三级标题（目）。

（三）经济

依据国民经济行业分类标准进行分类，可将一级标题（章）“经济”的二级标题（节）设置为“大农业”“工业”“商业”等，初步建立“经济”一章的二级标题（节）。

对“大农业”“工业”“商业”等二级标题（节）进一步划分，建立三级标题（目）。如二级标题“大农业”可进一步划分为“农业”“林业”“畜牧业”“渔业”等三级标题（目）；二级标题“工业”可进一步划分为“采矿业”“制造业”等三级标题（目）。

（四）旅游

依据旅游学分类方法进行分类，可将一级标题（章）“旅游”的二级标题（节）设置为“旅游景观”“旅游设施”“旅游接待”等，初步建立“旅游”一章的二级标题（节）。

对“旅游景观”“旅游设施”“旅游接待”等二级标题（节）进一步划分，建立三级标题（目）。如二级标题“旅游景观”可进一步划分为具体的景点景观等三级标题（目）；二级标题“旅游设施”可进一步划分为“交通设施”“购物娱乐设施”“医护设施”等三级标题（目）；二级标题“旅游接待”可进一步划分为“接待站”“旅馆”“民俗户”等三级标题（目）。

（五）基础设施

依据城乡建设分类方法进行分类，可将一级标题（章）“基础设施”的二级标题（节）设置为“道路”“街道”“供水”“供电”“通信”等，初步建立“基础设施”一章的二级标题（节）。

对“道路”“街道”“供水”“供电”“通信”等二级标题（节）进一步划分，建立三级标题（目）。如二级标题“道路”可进一步划分为“公路”“村路”“游路”等三级标题（目）；二级标题“街道”可进一步划分为“主要街道”“街道改造”等三级标题（目）；二级标题“供水”可进一步划分为“自取水”“自来水入户”等三级标题（目）；二级标题“供电”可进一步划分为“电站发电”“国家供电”“电表入户”等三级标题（目）；二级标题“通信”可进一步划分为“邮政”“电话”“手机”等三级标题（目）。

（六）文化

依据文化学分类方法进行分类，可将一级标题（章）“文化”的二级标题（节）设置为“精神文明建设”“群众文化”“文学艺术”“体育”“民俗文化”等，初步建立“文化”一章的二级标题（节）。

对“精神文明建设”“群众文化”“文学艺术”“体育”“民俗文化”等二级标题（节）进一步划分，建立三级标题（目）。如二级标题“精神文明建设”可进一步划分为“学雷锋”“五讲四美”“创建文明单位”等三级标题（目）；二级标题“群众文化”可进一步划分为“文化活动中心”“文艺团队”“读书读报”等三级标题（目）；二级标题“文学艺术”可进一步划分为“文艺创作”“文艺团队”等三级标题（目）；二级标题“体育”可进一步划分为“大众体育”“校园体育”“体育竞赛”等三级标题（目）；二级标题“民俗文化”可进一步划分为“传统民俗”“姓氏文化”“方言俗语”等三级标题（目）。

（七）社会

依据社会学分类方法进行分类，可将一级标题（章）“社会”的二级标题（节）设置为“人口”“就业”“保障”“教育”“卫生”“民生”“安全”等，初步建立“社会”一章的二级标题（节）。

对“人口”“就业”“保障”“教育”“卫生”“民生”“安全”等二级标题

（节）进一步划分，建立三级标题（目）。二级标题“人口”可进一步划分为“人口构成”“家庭”等三级标题（目）；二级标题“就业”可进一步划分为“定向就业”“自主就业”“灵活就业”等三级标题（目）；二级标题“保障”可进一步划分为“社会保险”“社会保障”“社会救助”等三级标题（目）；二级标题“教育”可进一步划分为“成人教育”“普通教育”等三级标题（目）；二级标题“卫生”可进一步划分为“医疗”“爱国卫生运动”等三级标题（目）；二级标题“民生”可进一步划分为“分配”“收入支出”“衣食住行”等三级标题（目）；二级标题“安全”可进一步划分为“公共安全”“安全教育”“紧急救助”等三级标题（目）。

（八）生态

依据生态学分类方法进行分类，可将一级标题（章）“生态”的二级标题（节）设置为“生态环境”“生态保护”“绿水青山”等，初步建立“生态”一章的二级标题（节）。

对“生态环境”“生态保护”“绿水青山”等二级标题（节）进一步划分，建立三级标题（目）。二级标题“生态环境”可进一步划分为“水资源”“土地资源”“生物资源”“气候变化”等三级标题（目）；二级标题“生态保护”可进一步划分为“水资源保护”“土地资源保护”“生物资源保护”等三级标题（目）；二级标题“绿水青山”可进一步划分为“生态理念”“环境治理”“环境保护”等三级标题（目）。

（九）人物

依据生不立传原则和村中人物实际，可将一级标题（章）“人物”的二级标题（节）设置为“人物传记”“人物事迹”等，初步建立“人物”一章的二级标题（节）。

对“人物传记”“人物事迹”等二级标题（节）进一步划分，建立三级标题（目）。二级标题“人物传记”可进一步划分为“历史人物”“当代人物”等三级标题（目）；二级标题“人物事迹”可进一步划分为“先进模范人物”“村中有影响人物”等三级标题（目）。

五、调整章节目

前面所讲的章节目篇目设置，尤其是一级标题（章）的设置，原则上各类方志可以通用，而对于村志设置章节目篇目，可以由此入手，但必须统筹全局，对章节目篇目进行科学调整。

（一）调整的前提条件

村志的章节目篇目是村志的四梁八柱，不但决定盖房子的愿望是否能够完全实现，而且决定了盖成什么样的房子，盖成的房子质量好不好，所以必须遵从章节目篇目设置的前提条件，最终要依照村的实际情况调整村志的章节目篇目。

一是人们认知事物的多视角，决定了村志章节目篇目设置的多视角、多思路，也就决定了村志章节目篇目设置的多样性。

二是同一学科的学科理论一般是多架构的，又是随着时间在不断变化的。这也就决定了人们对村志某一章的章节目篇目设置具有不同的视角、不同的思路、不同的名称。

三是人们在社会生活中形成了对村志不同的认知结构，区县志工作者有区县志工作的认知结构，新闻宣传工作者有新闻宣传的认知结构，所以对同一部村志的价值评论必然是有差异的。

四是不同村落的村志事物是千差万别的，张村非李村，依据不同村村志事物设置的章节目篇目，必然是有差别的。

（二）调整的基本原则

没有一成不变的村志章节目篇目，也没有绝对正确的村志章节目篇目。对初步设置的章节目篇目，一般需要进行大刀阔斧的调整，这是篇目设置的重要环节，也是村志编撰中需要不断进行的工作。

调整的基本原则是根据村志事物基本类别（一级标题）各自的特点，统筹全志篇目结构的科学性，特别是一级标题、二级标题、三级标题与村志事物资料的统一性。统筹调整一级标题，确保“横不漏项”“突出特色”；统筹调整一级标题下的二级标题、三级标题，确保“纵列章节”“逻辑严谨”。

（三）调整的基本方法

章节目标题的调整，要从章标题、节标题、目标题逐级进行，而上一级标题要以下一级标题为支撑，下一级标题要以上一级标题为依据。章节目标题必须“逻辑严谨”。

一是调整一级标题，主要是第二章“政治”、第三章“经济”、第六章“文化”、第七章“社会”等一级标题，必须依据村志事物资料的实际情况进行调整。

如第三章“经济”。农村经济一般分为四部分，即农业、林业、商业、工业。农村的工业大部分以手工业为主，一部分以矿产业、建材业为主，在计划经济时代又主要为工副业。所以，调整一级标题“经济”，必须依据村里的实际情况进行调整。

就大多数农村来说，主要是农业、工副业。调整一级标题经济，一般可以分为三种情况：其一是一级标题经济不变，二级标题或为农业、工副业，或为农业、畜牧业等；其二是取消经济标题，把农业升格为一级标题；其三是取消经济标题，把农业、工副业等同时升格为一级标题。

二是统筹调整章节目三级标题。章节目的标题名称是否科学、准确、合理、简洁，是衡量一部村志质量的标准之一。科学确定村志的章节目标题十分重要。

其一是章节目的标题必须符合属种关系要求，也就是目标题从属于节标题，节标题从属于章标题。目标题统领目的全部内容，节标题统领节的全部内容，章标题统领章的全部内容。不能出现章、节、目同名称的情况，也不能出现目标题内涵大于节标题内涵、节标题内涵大于章标题内涵的情况。如“教育”的子系统是“普通教育”“成人教育”“特殊教育”等，“普通教育”的子系统包括“小学教育”“中学教育”“大学教育”。如果章标题是“教育”，节标题就是“普通教育”“成人教育”“特殊教育”，目标题就是“小学教育”“中学教育”“大学教育”。

其二是章节目标题应言简意赅、科学准确。能用单词表达的，不用词组表达。即使用词组表达，也应该用最简单的词组表达。

（四）不能使用非方志标题

《地方志书质量规定》第二十六条规定："使用规范的现代语体文记述，不用总结报告、新闻报道、文学作品、教科书、论文等写法。"落实《地方志书质量规定》，首先是标题表述要严格落实规定。

一是村志标题不用史书式标题。如"长城"，不能写成"明清时的长城"。

二是村志标题不用总结报告式标题。如"长城"，不能写成"长城管理初见成效"。

三是村志标题不用新闻报道式标题。如"长城"，不能写成"我村长城成旅游热点"。

四是村志标题不用文艺式标题。如"长城"，不能写成"多么伟大的长城"。

五是村志标题不用论文式标题。如"长城"，不能写成"关于长城问题的研究"。

六是村志标题不用广告式标题。如"长城"，不能写成"××长城名扬天下"。

七是要突出村志事物即"村"的特点。如基层党组织，写成"村党组织"才具有村志特色。为避免歧义，可以在凡例中注明，"村党组织"特指"中共××村组织"。

第三节　村志篇目设置综述

村志事物与乡志、镇志事物相比较，突出特点是村志事物的最基层属性，村民委员会是基层群众性自治组织。所以，村志篇目设置，在全面准确真实地记述村中自然、政治、经济、文化、社会、生态事物历史与现状的基础上，更要客观体现村志事物的特殊性。

一、村志以章节目结构为宜

村志事物的层级较少，内容体量较小，所以，村志的篇目结构，以章（一级标题)、节（二级标题)、目（三级标题）为宜。科学设置一级标题（章)、二级标题（节)、三级标题（目）是村志篇目设置的重要任务。

二、确定一级标题（章）

要依据村志事物各基本类别的情况确定全书的章，即一级标题。

（一）分析村中自然环境资料，依据实际设置“自然环境”一章标题

依据学科分类方法，将“自然环境”作为一级学科。依据自然学科分类方法，设定二级学科、三级学科、四级学科。这即是设定该章各级条目的依据。

确定该章标题时要注意两点，一是注意自然环境与生态文明内容的交叉；二是大部分村村志事物的自然环境内容有限，与地理中的道路等放在一起，确定为“自然地理”标题即可。

（二）分析村中政治资料，依据实际设置“政治”一章标题

依据学科分类方法，将“政治”作为一级学科。依据政治学科分类方法，设定二级学科、三级学科、四级学科。这即是设定该章各级条目的依据。

村志政治事物包括村级组织（中国共产党村组织、村民委员会、革命委员会、管理委员会、民兵、共青团、妇联)、政治活动、军事活动、基层民主政治、革命斗争等内容。一章内容难以容下，需要根据调查资料，将一些内容升格为一级标题。

（三）分析村中经济资料，依据实际设置“经济”一章标题

依据学科分类方法，将“经济”作为一级学科。依据经济学科分类方法，设定二级学科、三级学科、四级学科。这即是设定该章各级条目的依据。

确定该章标题时要注意两点，一是大部分村历史上是农业经济，一产为主，主要是农林牧渔，农业的主要生产活动是“土、肥、水、种、密、保、管、工”。可以根据该村实际，将三级目升格为节，甚至升格为章。二是采矿业、制造业、建筑业、房地产业、旅游业、商业服务业等，要注意企业所有制和社队企业、乡镇企业的差别。可以根据各村经济实际，对这些节的子系统进行分析后，将三级目升格为节，甚至升格为章。

（四）分析村中基础设施资料，依据实际设置“基础设施”一章标题

依据学科分类方法，将“基础设施”作为一级学科。依据基础设施学科分类方法，设定二级学科、三级学科、四级学科。这即是设定该章各级条目的依据。

基础设施建设中的新农村建设、能源、道路交通、水利水务、电信邮政等，记述的内容一般以中华人民共和国成立以后为主，要注意收集中华人民共和国成立前的资料。各村的差别较大，可以根据各村的实际，对这些节的子系统进行分析后，将三级目升格为节，甚至升格为章。

（五）分析村中文化资料，依据实际设置“文化”一章标题

依据学科分类方法，将“文化”作为一级学科。依据文化学科分类方法，设定二级学科、三级学科、四级学科。这即是设定该章各级条目的依据。

确定该章标题时要注意两点，一是要注意与传统分类方法的区别。党的十七大把教育、卫生划入了社会建设范畴，“文化”章不能再列入“教育”与“卫生”事物。二是精神文明建设、群众文化、文化娱乐、体育、图书馆和档案馆、方言、民俗、文物等，各村的差别较大，可以根据各村的实际，对这些节的子系统进行分析后，将三级目升格为节，甚至升格为章。

（六）分析村中社会资料，依据实际设置“社会”一章标题

依据学科分类方法，将“社会”作为一级学科。依据社会学科分类方法，设定二级学科、三级学科、四级学科。这即是设定该章各级条目的依据。

确定该章标题时要注意两点，一是要注意与传统分类方法的区别。党的十七大把教育、卫生划入了社会建设范畴，“社会”章必须增加“教育”“卫生”事物。二是人口、劳动就业、社会保障、社会服务、教育、医疗卫生、居民生活、公共安全等事物，各村的差别较大，可以根据各村的实际，对这些节的子系统进行分析后，将三级目升格为节，甚至升格为章。

（七）分析村中生态资料，依据实际设置“生态”一章标题

依据学科分类方法，将“生态”作为一级学科。依据生态学科分类方法，设定二级学科、三级学科、四级学科。这即是设定该章各级条目的依据。

确定该章标题时要注意两点，一是“生态”属于方志事物分类的新内容，

要注意与第一章“自然地理”的合理区分；二是该章内容相对简单，大多数村的内容一章能够容下。

（八）分析村中人物资料，依据实际设置“人物”一章标题

该章内容相对简单，大多数村的内容一章能够容下。

三、确定二级标题（节）

依据事物的属种关系，分析章下各节和节下各目的内容，初步设置章下各节和节下各目。再进一步对目的内容进行分析，看其可否升格为节，最后确定章下各节。设置章下各节，要注意分析比较每章各节内容，避免节的重复。

四、设置三级标题（目）

依据事物的某一属性，或学科分类方法，初步设置节下的三级目。再进一步对四级目的内容进行分析，看其可否升格为三级目，最后确定节下各目。

依此程序，初步确定各章、节、目的名称，也就初步确定了村志篇目结构。

第四节　不断完善村志篇目

村志事物决定村志篇目，村志篇目架构村志事物。村志篇目的形成过程，是修志进程中，随着修志人对该村认知的不断深化而不断完善的过程。

一、工作方案中初步设置村志篇目

村志编撰准备阶段需要制订工作方案，初步设置村志篇目。为了使工作方案中的村志篇目更能反映村落实际，需要编撰者了解该村基本情况。这不但需要编撰者有村志知识的积累，也需要深入该村进行实地调查研究。

二、收集资料过程中修订村志篇目

收集资料的过程，是我们深入认知该村实际的过程。通过收集资料，我们对

不了解的村志事物有了新的认知，这些新的认知可能已经超越了我们篇目设置的内容。所以这时候要根据收集资料中不断得到的新信息，修改和完善村志篇目。

当然很可能有另一种情况，即其他村有的村志事物，这个村里可能没有，我们也需要重新修订原来的村志篇目。

三、整理资料过程中修订村志篇目

通过整理收集的村志资料，我们可能会发现，原来可以列为一章的内容，但收集的资料太少，在村中的重要性也不甚突出，难以独立成章，这时就要降格为节，甚至降格为目；也有的村志事物，在其他村可能资料很少，但是在这个村却是一件意义重大的事情，有着比较丰富的资料，我们就可以把原来的目升格为节，甚至升格为章。

四、编撰过程中修订村志篇目

我们将收集的资料整理分类后，就要进行村志的文字编撰工作。这一过程仍然是对资料和篇目全面认识的过程。我们要依据资料的情况，进一步调整章、节、目，才能更好地实现内容决定篇目、篇目架构内容。

例如，刘文江先生在编撰《黄山店村志》时，由于其比较熟悉该村，所以在编撰方案中设置的篇目很简单，仅仅是一个章节篇目，但列出了每一节具体的调查提纲。在资料收集和调查中，他又不断完善了节后的目。

第一章　建置沿革与地理自然

　第一节　村政沿革

　第二节　地理气候

　第三节　自然资源

　第四节　自然灾害

第二章　村级组织

　第一节　村党组织

　第二节　村行政组织

　第三节　工青妇武组织
　第四节　其他村组织
第三章　政治活动
　第一节　抗日斗争
　第二节　重大改革
　第三节　重大运动
第四章　民主政治与精神文明
　第一节　民主选举
　第二节　民主管理
　第三节　精神文明建设
　第四节　和谐新村建设
第五章　第一产业
　第一节　生产关系
　第二节　种植品种
　第三节　农田水利
第六章　第二产业
　第一节　煤炭业
　第二节　加工运输业
　第三节　建筑建材业
第七章　旅游业
　第一节　旅游资源
　第二节　坡峰岭
　第三节　商业餐饮业
　第四节　农家乐
第八章　村民生活
　第一节　劳动就业
　第二节　村民收入与生活
　第三节　社会保障

第九章　山村建设
　第一节　村庄布局
　第二节　道路交通
　第三节　基础设施
　第四节　新农村建设
第十章　乡村文化
　第一节　文化建设
　第二节　民间艺术
　第三节　遗址遗迹
第十一章　教育、卫生、体育
　第一节　教育
　第二节　卫生
　第三节　体育
第十二章　人口与民俗
　第一节　人口与计划生育
　第二节　姓氏与部分族谱
　第三节　民俗
第十三章　人物艺文
　第一节　游子
　第二节　人物专记
　第三节　艺文
　第四节　传说

通过系统收集村志资料，对全部资料进行系统分析，最后形成了《黄山店村志》的篇目。

实践告诉修志人，任何一部村志的编撰过程中，其篇目都是在不断调整完善的。

第六章　村志行文要求

一部村志，无论字数多少，也无论有多少种表现手段，其主体部分主要是文字。编撰者的行文水平，直接决定村志的质量和水平。村志行文标准是一项综合性的标准，包括体裁、写法、文风和语言。把握好行文要求至关重要。

第一节　村志的三种类型

普通的村志，一般是参照传统的区域志，围绕自然、政治、经济、文化、社会、生态、人物等村志事物设置篇目、客观记述的。改革开放以来，随着方志事业的发展，人们在普通村志的基础上，先后推出了名村志、传统村落志。

一、普通村志

村志是指全面系统地记述一村域自然、政治、经济、文化和社会的历史与现状的资料性文献。

二、名村志

2016 年，中国地方志指导小组办公室启动中国名村志文化工程。2022 年修订的《中国名村志文化工程实施方案》指出，中国名村志文化工程以打造系列精品村志为目标，通过创新组织编纂模式和体例内容，出版一系列质量高、影响大、社会效益好的名村志。入选范围包括“中国历史文化名村”“全国文明村”“全国乡村治理示范村”“全国乡村旅游重点村”“中国少数民族特色村寨”“中国美丽休闲乡村”“国家森林乡村”等。作为某种文化、习俗发源地或传承地的村，可酌情收入。并要求在村志编撰中，在坚持志体的前提下，体裁运用、篇目设置、资料选择等作适当创新。以记载村域范围内的微观资料为主，根据不同类型名村的特点，有选择性地记述域内自然、政治、经济、文化、社会建设的历史与现状，重在突出名村“名”与“特”的内涵，从而达到执简驭繁、文约事丰、易于阅读、利于传播的目的。

三、传统村落志

传统村落，指村落形成较早，拥有较丰富的文化与自然资源，具有一定历史、文化、科学、艺术、经济、社会价值，应予以保护的村落。2012 年 9 月，经传统村落保护和发展专家委员会第一次会议决定，将习惯称谓“古村落”改为“传统村落”，以突出其文明价值及传承意义。2017 年，北京市地方志办与市农委启动传统村落志编撰，以志书的形式记述传统村落的历史演变，帮助人们记住乡音乡愁，是地方志工作保护乡村传统文化、促进乡村文明建设的重要实践。

四、三种类型村志的共性与区别

（一）共性

三者都是志，都是村志。三者都是记述村域内自然、政治、经济、文化、社会、生态和人物等村志事物，都要遵循志书编撰的基本原则，特别是强调横分类别、纵述事实及述而不论等，都要用志言志语。

（二）区别

普通村志，要全面客观记述一个村的村志事物，篇目设置、记述内容强调全面、客观。

名村志、传统村落志，强调对一个村的特色的记述，篇目设置、记述内容突出该村的特色。

第二节　村志语言要求

《地方志书质量规定》第二十六条明确规定，地方志“使用规范的现代语体文记述，不用总结报告、新闻报道、文学作品、教科书、论文等写法”。语体文是不加修饰、不带情感色彩、实事求是、秉笔直书的一种书面语言。

一、村志使用语体文

村志属于应用文的一种，必须使用语体文。

前面讲过语体文。一般来说，应用公文的大部分文体，皆以语体文为基本语言，平铺直叙，言简意赅，以简洁明快的语言将事情表述清楚。

村志的性质是记述特定地域内自然和社会的历史与现状的资料性文献。村志使用语体文的目的，是要客观记述方志事物的历史与现状。中国有着悠久的方志历史，用文言文编撰方志是中国传统的历史文化。在“五四”新文化运动的影响下，民国年间编修的地方志，有相当一部分废弃了文言文，使用了语体文，以适应民众阅读习惯，这是方志史上的一大变革。作为村志，文言词语或文言句式不是完全不可以用，只是要应用得协调，精练简雅，品位立即提升，效果很好。但有的人在使用时，不考虑语言环境，文白夹杂，读起来就生涩难懂。

二、村志是记述体

《地方志工作条例》规定：“地方志书，是指全面系统地记述本行政区域自然、政治、经济、文化和社会的历史与现状的资料性文献。”《关于地方志编纂工作的规定》第十三条指出：“地方志的体裁，一般应包含述、记、志、传、图、表、录等，以志为主体。”即以述（总述、综述、概述、无题序言）提纲挈领展现一地、一个门类、一项事业的整体面貌；以“大事记”为经，纵记区域内、行业内各个领域中发生的大事，以编年纪事为主，辅以纪事本末体；以“志”（篇、卷）为纬，详记某项事业改革开放以来的发展变化；以“传”（传记、传略）记载各界有影响的人物；“图”“表”随文插入有关部类；“附录”收录无法归类或不宜入正文记述但又具有存史价值的资料。使用上述体裁组合形成了方志的记述体，这也是村志与其他著述的主要区别。

村志中的节或目以及未领有细目的条目（包括无题小序），是方志的基本记述单元。记述方式，主要指资料组织形式，或者说节、目的内容结构方式，是方志记述的微观结构。方志记述最基本的结构是纵式结构和横式结构，其他结构方式均由此派生而来。记述单元的结构往往是多层的，如有的记述单元一级结构为纵式，二级结构则为横式，有的则与此相反。内容简单的记述单元，二级结构较普遍；内容复杂的记述单元，其结构可划分至三四个层级。

三、村志语言特点

村志用标准的语体文，这只是原则的提法。语体文也是千差万别的。一部村志有多种体例，文字是主体，是核心。质朴无华，不修饰，不矫作，适合村民阅读，村民看得明白、记得清楚，是村志语言的最基本要求。

（一）简洁精练

村志的语言在修辞上要做到言简意赅、文约事丰。1983 年，胡乔木在全国地方志工作会议讲话中指出：地方志语言“要像打电报、编辞书那样精练，要惜墨如金”。因此，在村志中，共事要简；谋篇布局，层次要简；遣词造句，文字要简；融冶群籍，引文要简。例如，河北省新编《井陉县志》叙述聂荣臻救日本姑娘的故事：“（一九四〇年）8 月 22 日，聂荣臻司令员派洪河槽民兵李化堂将在西王舍救出的两名日本小姑娘（一九八〇年得知是美穗子姊妹）送往井陉车站，转交日军。”[①] 全文仅几十个字，把时间、地点、人物、背景、经过和结果交代得清清楚楚，无一虚词余字。

（二）朴实通俗

朴实就是志稿写得要平实，不用文学描写，不滥用形容词，摒弃浮辞，不故弄玄虚，不用夸张、渲染等修辞手法。不用“豪言壮语”等修饰词，如“顽

① 《井陉县志》编纂委员会编：《井陉县志》，河北人民出版社 1986 年版，第 22 页。

强拼搏”“生命不息，战斗不止”“干劲冲天”等，这样既无实在意义，又无史料价值。

（三）语法正确

志稿语言全是记述性著述，句子主体结构一般都要完整无缺，各句子成分前后要相互对应协调。为了语言的简洁，有时的确可以省略一些句子成分，尤其是省略主语的情况比较普遍，即多用无主句。当记述的对象只有独此一个主语时，一般可用无主句。但这种省略一定要准确，不能因省略而产生歧义，不能使记述的事物之间关系不清，或使语句不通。

（四）用词准确

记述要准确，就是要准确记是非功过，准确定褒贬抑扬。写文章要“老实”，才会准确。比如当地通行的土语、俗语和口头语，计量单位旧制中的传统名称，应照样记载，有不易理解处可以括注现代汉语意义。这就是村志“既要让外行看得懂，又要让内行挑不出毛病”。

（五）力求文采

村志的文采，讲究文笔恰到好处。村志要有可读性，这除了其具有史料价值外，很大程度上取决于语言。好的村志，应该语言丰富，有文采。要实现村志语言不枯燥、不干瘪、不平淡无味，具有可读性，关键是要掌握一个“度”，即语言丰富，又不追求华丽。过分了，就会弄巧成拙；少了、不准确，就会干瘪。这就要求修志者最好有“两会”报告的功底、史学的根基、方志的客观记述，三者兼具，才符合方志文笔的要求。

（六）体现村落文化特色

表述村志事物，要体现该村落的特点，特别是要注意村志事物的名称。例如植物名称，我们不但要记学名，还要搞清楚土名。蒲公英是学名，它的土名不同的村有不同的叫法。记住这些，才能体现出该村的村落文化特色。

第三节　记述的要求

村志是记述村志事物历史与现状的资料性著述，不是理论性著述，更不是文学作品。它承载的不是抽象的理论分析，而是村文献资料。关于村志记述的规范，《地方志书质量规定》第五章第十五条至第二十二条对此进行了相关规定。主要规定包括越境不书、不随意突破村志的上限和下限、述而不论、概念使用前后一致、内容记述不机械重复、生不立传、图照规范等。在实际记述中，要突出把握以下五点。

一、详略得当

村志的书写详略之道，主要是详本略末、详独略同、详近略远、详变略常。不必详述的方面，点到即可。在不同章节有交叉内容的，要详彼之略、略彼之详。

（一）分清主次

对村落内隶属于本村直接管理的村志事物，特别是对村内影响较大或具有时代特色的村志事物，要按照村志事物特点进行详记，对上级驻村的单位可留名略记。

（二）优先记述特色事物

详记村特优、先行的事物，略记与各地共有的事物。对村特优、先行的事物在篇目设置上可以升格详记；不升格也可以把篇目列细些，记述全面具体些。

（三）区别记述背景

一般应详记村志事物本身，略记背景资料。记述事物发展变化时，记述背景必须简明扼要。对于新生事物探本溯源，可将起始背景交代清楚。

（四）区别记述过程

对本村具有辐射力的事物一般只记述辐射所及和结果，略记辐射具体过程。对于村中一些影响较大的村志事物，其发展过程具有一定的历史价值，就需要记述其发展过程。

（五）详节点略过程

详记村志事物发展的阶段性节点、转折质变尤其是结果，略记一般性工作量变过程。阶段性节点是指事物的发端、演变中的转折和现状，体现事物发展的兴衰起伏、因果规律和经验教训。分阶段记述，即每个阶段变化大的主体要素要多记，影响不大或没有影响的少记或不记。对于执行后无结果的事，如计划、安排、意见及制度、保证等，不单独记述。

（六）详特色略一般

对资料的处理及编撰，要因事而异。对共性事物的记述，简而不疏，同中求异；对特殊性事物的记述，浓墨重彩，显露特色，突出自身的精华和闪光点。对凡能体现事物本质特征的内容及本地区特色的村志事物，要着重记述。一般内容可略写。

（七）详工艺成果略过程

记述应用的技术和结果，一般不记技术的具体工艺及原理。对于具有存史价值的技术工艺过程、操作方法等，如村内即将失传的民间工艺技术，应该加以记述。

（八）不抄录政策条文

只记政策、改革的实施和结果，不长篇抄录具体政策和方针条文，要把方针政策的内容寓于实施效果的记述中。全国性的政策、文件、规定等，一般不入志或少入志，即使记载也只记其文件名或文号。

（九）大事记有详有略

对于村志正文未设专门章节条目、难以在正文中归类横排的大事，在大事记中可适当详记；对于各章节已记载的大事，可略记。宜粗者叙其大概，宜细者记明时间、地点、原因、演变、结果等。

（十）新生事物有详有略

对于新生事物的记述，追根溯因，知其始创及产生的合理性。首次出现时详记，以后略记。对符合主题或能说明主题的详记，其他简记或不记。对影响较大的详记，影响小的略记。

（十一）发展中事物记述

对于发展中事物的记述，重在记其兴起，揭示趋势。

（十二）历史事物记述

对已经消逝或将要消逝的历史事物的记述，要交代消逝的时代原因、年份，文图并存，增强实感。

（十三）多角度记述

对于同一村事物涉及不同行业、事业的，应从不同角度记述，找准切入点，避免所记内容与大事记、无题述等内容出现过多雷同。

（十四）舍得割爱

对与志稿记述的内容无直接关系或关系不密切、可有可无的资料，均应压缩或删除。

二、纵不断线

记述一件村志事物，要从发端记起，记述发展中的基本节点，一些村志事物记述到村志事物的结果出现，一些事物记述到村志规定的下限时间。

初稿宁繁勿简，宁滥勿缺。纵不断线，不是每年的数据都要详加记载，只是纵要写出起始、中间的转折和阶段性、下限横断面即可，不能每年的资料都往上堆，像砌墙一样。但不能轻易删除资料，随意弃而不用，尤其是初稿更应放宽资料标准，尽量多写一些，多多益善，不要怕繁杂芜滥。因为撰写初稿时资料还没用尽，还不知道后面会有哪些可用资料，也不知道正在看的资料宜删还是可用，只有待资料全部用尽、写完初稿后统稿修改时，从纵向记载顺线检查，才能够察其增减升降的变化，再视其兴衰起伏删冗留精，择而记之。

三、详今明古

详今明古是修志资料处理和编撰原则之一，但基层资料稀缺，在编撰村志时我们应变通执行，即详今而不略古。越是早期的资料，就越稀少、越珍贵。即使看起来不一定重要的早期资料，也要尽量记载，毕竟少胜于无。在志稿上限资料空缺时，以此资料填补遗憾，上延“竖写”期，增加志稿存史价值。不仅是历史资料，即使当代资料也不要轻易舍弃，至少在初稿中放宽引用的标准，多写一些，宁滥勿缺。

古今资料并用，以今为主。时间久远的略写，时间近的详写。但对本地领导班子事业、功绩的概括，一定不能只限于当届，至少应包括中华人民共和国成立以来的历届负责人的治绩，有的还可以写进本地先民勤苦奠基的前因。对当代的新生事物，不要以为大家都知道是这样子就不记它，所谓“一代失修，千载难补”，社会生活变化很快，比如改革开放之初的衣着服装、家用电器与现在就大不一样，现在的社会面貌十几年后也不一样了，所以我们应详写当代事物。

四、存真求实

如实记载工作中的失误和问题，是全面客观反映历史面貌的需要，也是人们正确认识地情、汲取历史经验教训的需要。第一轮修志中存在一些问题，如有的志书只记载成绩，不记失误；只评功摆好，无反面教材；只记大好形势，不记存在问题；对失误和问题轻描淡写，有选择地记喜不记忧，正面资料多记详记，负面内容不记少记。对于历史问题，我们不必回避，应如实加以记载。当然，记载要有分寸，要重事实、不扩大。

五、留有余地

中国修志已有 2000 多年的历史，每一部村志都有一个不断重修的过程。现在编撰的村志，绝大部分是首轮修志，我们不可能在短时间内把村内所有的事物都搞得很清楚，所以对有些事物的记述需要为下一步重修留有余地，同时我们对每一部村志尽量不要求全责备。没有记述的事物，暂时无法搞清楚，还可以不断收集资料，留待重修时补充完善。即使已经入志的资料，随着进一步的深入调查研究，有些也需要补充或更正。这也正是村志工作的特殊性之一，所以我们要在不断重修中客观记述村志事物。

第四节 行文规范

村志作为文献资料的一种，行文必须规范。《地方志书质量规定》第七章第二十六条至第四十一条对方志行文进行了相关规定。另可参考《中国名镇志丛书行文通则》。本节从文字、标点符号等方面对此进行说明。

一、文字

用字以 2013 年 6 月公布的《通用规范汉字表》为准。词语用法参照 2002 年 3 月 31 日教育部、国家语言文字工作委员会发布的《第一批异形词整理表》。

古籍引文及古人名号如简化后易造成误解的，可仍用繁体字，个别冷僻字加注音。引用古籍文句，一般用简化字，但可能引起误解、失去或歪曲原意的简化字不能用。人名或书名中的异体字要保持原来面貌。编撰方言志，要注国际音标，不用拼音字母或注音符号。志稿中的外文，如公式中的符号、产品代号、医药用语、化学符号、科技用语、动植物学名、人名、书名、地名、国际音标等，要书写清楚，并注意区别大小写、正斜体。

二、标点符号

编撰村志，要严格执行《标点符号用法》GB/T 15834—2011。村志标点符号的使用应规范、统一，严格区分逗号与顿号、引号与书名号、连接号与范围号、连接号与破折号等的用法，不得任意乱用。

用数字简称的会议、组织、事件、运动、节日、型号的词组，一般人们熟悉的可不加引号，只有特定的称谓才在数字上加引号。用地名简称的，则不加引号。

在行文中出现书籍、文件、歌曲、影剧名，要加书名号，不能加引号。如《毛泽东选集》《十五的月亮》《政府工作报告》，不能写作“毛泽东选集”“十五的月亮”“政府工作报告”。但在目录和表格中罗列书目、剧目时，则不加书名号，以书名为标题时也不加书名号。

表示数值的范围，用浪纹连接号“～”，如“1991 年～1992 年”“20%～30%”；两个相关的名词（汉字）构成一个意义单位，中间用占一个字位的横线连接号“—”，如“北京—广州直达快车”；表示产品型号，中间用占半个字位的连接号“-”，如“神盾 100-120 型 X 光机”。

三、专有名词、术语

在村志行文中，要严格依照《地方志书质量规定》《中国名镇志丛书行文通则》中关于专有名词、术语的规定进行编撰。

（一）简称的使用

较长的专用名词（如文件、会议、公报、组织机构名称等）多次出现，在第一次出现时必须使用全称，并括注简称，再次出现时可用简称。如中国人民政治协商会议宿迁市宿豫区委员会（以下简称“区政协”）。某些不严肃、不科学和使人费解的简称不能使用。如《毛泽东选集》不能简称《毛选》，地方铁路不能简称“地铁”。各行业在一定时期口头形式的缩略语，如“三资”“五包”“四无”“四种人”“电商”等，尽可能不写入志书。确有必要使用时，应括注其内容。

（二）简称必须按志体规范

如“中国共产党第十一届中央委员会第三次全体会议”简称“中共十一届三中全会”，不简称“三中全会”或“十一届三中全会”；“中共十五大”不简称“十五大”；“加入世界贸易组织”，不简称“入世”。

某些词语应正确添加引号，如“三个代表”重要思想，“三个有利于”，“两手抓、两手都要硬”，“一个中心、两个基本点”。

（三）旧称的使用

记述各个历史时期的朝代、行政机构、党派团体、官职、地名等，一律采用当时称谓。

如 1965 年的某人民公社，不能称“某乡政府”。古地名在各章第一次出现时应括注今名。历史上的朝代、时代、国名应以现代通行的称呼为准，不能使用旧称、俗称，更不能混用。

（四）译名规范

外国地名、人名、党派、政府机构、报刊、书籍等译名，均以新华社译名或专业工具书通用译名为准。

鲜为人知的专名，需括注外文原名。除人所共知者如马克思《资本论》、美国等外，在文内第一次出现时，要用括号注明外文原名。不得用自译、旧译名。如无标准译名，也可以自译。某些称谓的旧译、异名，凡现在已有通用译名的，要改为通用译名。

（五）人物、团体名称表述

人物一律直书其姓名，不加“先生”“同志”等礼貌词，也不加褒贬之词。必须说明身份时可冠以职务职称，如市长王某、镇长张某。对党和国家的各级领导人，应直书其名或冠其职务，不用颂扬的词语，也不用同志或首长之类的称呼。对已故领导人应直书其名，不以职务称呼。对日军和国民党军队，除了引用抗日战争和解放战争时期的文献资料外，不使用贬义字眼。日本军队可称“日本侵略军”，不称“日寇”“日本鬼子”；国民党军队1946年6月前（1927年4月至1937年8月除外）应称“国民革命军”，之后称“国民党军队”或“国民政府军”，不称“蒋匪军”。

（六）用第三人称表述

村志不用“我村”之类的词语。引用文献资料时使用原文人称用法。

（七）引用文件一般不引文号

如文件名称不宜公开，可写“根据有关规定”。这是与一些论文要求很不同的地方。

（八）专业术语的使用务求规范、准确

村志一般以各专业辞典正条为准。

四、时间

在村志行文中，要严格依照《地方志书质量规定》《中国名镇志丛书行文通则》中关于时间的规定进行编撰。

（一）表述时间必须有确指

村志不得使用“今年”“去年”“近年”之类的代词，也不用“最近”“目前”等概念词。

（二）纪年的用法要求

中华民国以前的纪年，先书历史纪年，括注公元纪年。年号在前，如“清道光二十二年（1842）”。年号不用“宋太祖元年”“唐太宗初年”等，一律采用明确的年号。自中华民国成立后的纪年，均使用公元纪年。

（三）人物生卒年表示

人物生卒年之间使用“—”字线，如“陈英（1886—1948）”。

（四）年份不能简称

村志中的年份，如“1991 年”不能写作“91 年”，“1992 年—1994 年”不能写作“1992—94 年”。

（五）中华人民共和国成立前、后的表述

中华人民共和国成立前、后，不简称“建国前”“建国后”“新中国成立前”“新中国成立后”，一律称“中华人民共和国成立前”“中华人民共和国成立后”。称“解放”必须让读者明了所指的地域，如“××镇解放后”“××镇解放前夕”。

五、数字

编撰村志，要严格执行《出版物上数字用法》GB/T 15835—2011，并参考《中国名镇志丛书行文通则》。

（一）下列情况宜使用阿拉伯数字

一是表示公历世纪、年代、年、月、日、时、分、秒，如“20 世纪 80 年代”“1995 年 7 月 1 日”“8 时 30 分 20 秒”。

二是表示年龄，如“60 岁”。

三是表示统计数字、倍数、百分比、分数，如“150 千克”“3 倍”“12%”“1/3”。

四是表示温度、功率等物理量，如“30℃”“25W”。

五是表示地理经纬度，先记述纬度，后记述经度，如“东经 113°7′39″”“北纬 111°7′39″”。

六是引文标注中的版次、卷次、页码，如“1981 年第 1 版第 1 卷第 70 页”。

七是部队番号、证件号码、产品型号和其他序号、代号、代码，如“84026 部队”“国家标准 GB/T 2312—1980”“国内统一刊号 CN11－1399/H”“HP－3000 型电子计算机”。

（二）下列情况应使用汉字数字

一是表示序数，如“第一章”“第二名”。但与阿拉伯数字连用时则改用阿拉伯数字，如“1992 年第 2 期”，不写作“1992 年第二期”。

二是相邻的两个数字并列连用表示概数，必须使用汉字，连用的两个数字之间不得用顿号“、”隔开，如“四十五六岁”“三四天”“七八十种”“一两个小时”“五六万套”。

三是带有“几”字的数字表示约数，一般使用汉字。如“十几年”“一百几十次”“几十万分之一”。

四是用“多”“余”“左右”“上下”“约”等字表示的约数，一般用汉字。如果是具有统计和比较意义的一组数字，其中既有精确数字，也有用“多”“余”等表示的约数时，为保持局部一致，其约数也可以使用阿拉伯数字。如“共选送摄影作品 60 多幅、书画作品 16 幅，其中有 10 余项作品获奖”。

五是朝代纪年、农历月日、星期，如“清光绪三年”“农历三月十五日”“星期六”。

六是位于定型的词、词组、成语、习惯用语、诗词、古文中的数字，缩略语或具有修饰色彩的词语中作为语素的数字，如“五四运动”“一系列”。

七是整数一至十，如果不是出现在具有统计意义的一组数字中，可以用汉字，但要照顾上下文，保持局部一致，如“一个人”“三本书”“六条意见”。

八是含有月、日简称表示事件、节日和其他意义的词组。涉及一月、十一月、十二月，应用间隔号“·”将表示月和日的数字隔开，并加引号，避免歧义，如“‘一·二八’事变”“‘一二·九’运动”；涉及其他月份时，不用间隔号，是否加引号，视事件知名度而定，如“五卅运动”“‘五二〇’声明”。对现代、当代事件，可使用约定俗成的阿拉伯数字表示法，如“‘5·12’汶川特大地震”“‘4·20’专案组”等。

（三）数字规范

《中国名镇志丛书行文通则》规定，行文和图表中数字不分节，如“5678.33万元”，小数点前不采用三位数分节法。有小数位的，小数点后只保留两位，如“5678.33”；小数点后的末位为“0”的，应删去“0”，只保留一位，如“5678.30”应表述为“5678.3”。

五位数以上（含五位数）的多位数，在行文中一般改写为以万、亿作单位的数，但不能以十、百、千、十万、百万、千万、十亿、百亿、千亿作单位（千克、千米、千瓦等法定计量单位不在此列）。原则上，小数点后根据四舍五入原则保留两位，如“13500公里”写作“1.35万公里”，不能写作“1万3千5百公里”；“123456元”写作“12.35万元”。

六、计量

采用国务院1984年2月发布的中华人民共和国法定计量单位。要做到计量准确、前后统一。在行文中，一般不混杂使用计量单位符号，如km、m、mm、m^2、kg、km等。凡遇此种情况，长度一律用“公里”“米”“厘米”等，质量一律用“吨”“公斤”“克”等，体积一律用“立方米”“立方分米”等，容积一律用“升”“毫升”等，时间一律用“天（日）”“时”“分”等。

若所依据的资料的计量单位，不便换算为法定的计算单位，而且使用得体，亦可使用原计量单位，如作物产量用亩产。历史上使用过的计量单位，如斗、石、里、尺、磅、华氏度等，在引文时可照录，但在正文中首次出现时应加注。

七、引文

引用原文应加引号，转述大意不加引号。引用成段文字或为突出引文重要而另立段落者，引文的第一行开头要空四格，从第二行起每行空两格，并用不同于正文的字号或字体。此种情况引文的首尾不加引号。引文的注释号，写在整个引文末尾的上方。

引文要注明出处。注明出处的方式可采用文内说明、夹注或脚注，但一部村志内注明方式应当统一。

引文要原文照录，不许擅改。原文的错别字也应照录，但要在错别字后面用方括号“［ ］”标明正字。原文残缺的字，用“□□”充其位，不能写成“××”；判明不了字数者，可注“（上缺）”“（下缺）”。

引用马克思、恩格斯、列宁、斯大林和毛泽东、习近平的著作，应以人民出版社的最新版本为准。引用古籍文句，应以新出版的点校本为准。引文要直接引用原著，尽可能不要转引。如确需转引，须准确引用，并说明转引自何处。引用历史资料，要用最早的记载。一般不要引用现代出版的工具书，更不能在一部村志内自引，如第三编（篇）引用第二编（篇）。

引用古籍文献时，不得沿用讳改字。如明代的“弘治”年号清乾隆后改为“宏治”，《千字文》中的“天地玄黄”清康熙后改为“天地元黄”，均应恢复本来面目。

引用古籍属多卷本的，要注明文集名、篇章名或部类、卷数。篇章名、部类、卷数可只标注一种。

引用二十四史、类书、古人文集等，一般应标注篇章名或部类，不标卷数。标注篇章名或部类要放在书名号内，当中加间隔号“·”。如“《汉书·地理志》”，不写为“《汉书》卷××地理志”。

引用旧志，要注明纂修的朝代、书名、卷数，不注编撰者、部类，纂修的朝代不加括号。卷数应写“卷××”，不写“××卷”“第××卷”。如“康熙《宿迁县志》卷六”，不能写成“（康熙）《宿迁县志》六卷”。

二十四史、类书及人所熟知的文集，可不注作者及纂修朝代。较罕见的古籍，要在书名前加注纂修朝代及作者姓名。纂修朝代要加方括号。如“［宋］孙光宪《北梦琐言》”“［唐］温大雅《大唐创业起居注》”等。

引用古籍因版本不一，不必注明页数。

八、注释

村志一般采用夹注和脚注两种形式，尽量不用尾注。

夹注用于文内人名、地名、时间、学名、数字、行话、缩略语等的简短注释。如“光绪元年（1875）”“4000 万法郎（约合银 1300 万两）”“虎盘（买空卖空）”“‘五定’（定人员、定地区、定任务、定时间、定质量）”。

脚注用于注明引文、辅文、他人重要论断的出处和对职官、机构、事件、异说的解释、介绍。注文应力求简洁易懂，使读者一目了然。注号统一使用阿拉伯数字加圆号，即①、②、③等。脚注应比正文小一字号，注文直接排出，不必再标明“注释”字样。手稿脚注字大小可与正文相同，而且也要一字一格，但要在当页本文与脚注间划一占七个字长度的横线加以分开。

注释应要素齐备，便于读者查核原文。引自书籍者，注明作者（编者）姓名、书名、卷次、页码、出版单位、出版时间，如“列宁:《新生的中国》，见《列宁全集》，中文 2 版，第 22 卷，第 208 页，人民出版社，1990”。引自报刊者，注明作者姓名、文章标题、报刊名称、年月日或期数，如“李四光:《地壳构造与地壳运动》，载《中国科学》，1973（4），第 400—429 页”。引用网上资料，注明网站（网址）、标题、作者（编者）、下载时间。

第七章　村志资料的收集与整理

资料是修志的基础，资料性是志书最根本的属性。村志的编撰过程，实际是一个调查、收集、整理、研究资料的过程。修志者对入志资料的调查、收集，直接决定村志的编撰质量。为了编撰出质量合格的村志，必须做好资料的收集与整理工作。

第一节　村志资料概述

村志是基础的“资料性文献”，资料性是村志区别于其他文化载体的重要特点之一。村志只有充分体现“资料性”的特性，才能真正发挥存史、资治、教化的功能。只有了解有关村志资料的知识，掌握资料价值判断标准，才能对资料进行有效筛选、组织，编撰出资料翔实的村志，发挥村志服务社会的功效。

一、村志资料的地位和作用

资料在村志编撰中处于基础地位，对村志编撰工作起决定作用。衡量村志质量的标准主要看资料，村志资料要系统、全面、准确。可见，资料性是村志的本质属性，在编撰中有重要作用。

（一）资料是村志编撰的基础

犹如盖楼先打地基一样，村志编撰的基础是资料工作。这个基础打不牢，再漂亮的装帧设计都无济于事，甚至会适得其反。“巧妇难为无米之炊”，资料是村志的“原材料”，收集资料并对资料认真整理、考证是修志的第一步。只有做好资料的基础工作，村志编撰工作才能进行。

（二）资料决定村志的价值

村志“资料性文献”的性质特征，就在于村志拥有准确、丰富、翔实的资料可供人们查阅、借鉴，上至天文、下至地理，经济政治、人文社会，无所不有，为管理地方事物、认识地情提供参考和帮助。方志学家章学诚认为，“方志乃一方之全史”。没有准确、大量、系统的资料，村志就成了无源之水、无本之木，也就不能在众多的媒介载体中独树一帜。

（三）资料决定村志的质量

良志、佳志的标准之一就是“资料准确、丰富、系统”。有了准确、丰富、系统的资料，人们才能从村志中找到所需要的数据、事物发展规律等，这时的村志才能真正成为人们的案头工具书，服务当代，惠及后世。反之，如果资料真实性欠缺，误差多，横项缺类，纵项断线，漏洞多，或资料零散、单薄，不但不能起到村志的资政、服务功能，而且还严重影响方志事业的持续发展。因此，一部村志的优劣，与资料的质量密切相关。

（四）资料决定村志的地方特色

村志的资料是本村特定时限内的资料，具有较强的区域特色或地方特色。假如村志编撰不能掌握本村的地方特色资料，那么村志就有可能千篇一律，也就不能发挥村志为地方提供参考借鉴的作用。

（五）资料决定村志的系统性

用系统论指导村志资料工作，首先是收集的资料要系统。符合横不缺要项、竖不断主线要求，要按照事物的本来面貌逐一收集资料，不能条块之间割断联系。其次，运用资料要系统。村志须用系统论指导资料的取舍运用，精心梳理，分析资料之间的因果关系、必然偶然关系等，理清事物发展的脉络，也就是很多专家学者说的“著述性”，即是用系统性的资料记述村志事物的发展过程。因此，村志不是原始资料汇编，不是机械、被动地“码资料”，而是按照一定的指导思想和编撰原则来整理运用资料，反映事物发展的内在本质，而这一切必须用准确、翔实、系统的资料来反映，即方志界人士用的方志术语“用资料说话”。

二、村志资料的类型

村志资料，指的是按照村志编撰工作规划要求，从不同渠道收集来的原始资料。根据这些原始记录存在的载体不同，资料分为文字资料、实物资料和口述资料三种，其中以文字资料为主要组成部分。

（一）文字资料

《辞海》中对“文字”的解释是“记录和传达语言的书写符号”①。因存在的形式不同，文字资料又分为很多种类，如档案资料、图书资料、报刊资料、部门行业资料等。

一是档案资料。这是最主要且数量较多、可靠性强的第一手文字资料。我国的档案法对档案的使用和管理有明确规定，村志编撰人员应了解有关条款，做到依法查阅、使用档案资料。目前，各地人民政府一般设档案局（馆），许多部门也有档案室，这是村志资料的重要来源。

二是图书资料。包括个人和集体著作。除了上缴档案部门的图书外，还有大量的著作、文集、内部出版的图书等散存于社会中，这需要从社会中广泛收集。

三是报刊资料。这也是数量繁多的资料来源，如地方政府部门主办的报刊。需要注意的是，报刊资料比较零散，不完整，容易流失。因此，收集这部分资料要及时，尽量收齐。

（二）实物资料

实物即以事物实体面貌出现的具体物质形态，如遗址、遗迹、文物、录像、光盘、照片等。这些实物资料与村志中的文字资料相互呼应，起到考证、说明的辅助性作用。近代以来，很多事件的记载，除了文字资料外，都配有照片、录像、录音、纪念品、证书、牌匾等各种实物和音像资料。对于修志人员来说，一个不起眼的纪念品都要及时收集起来，以作为文字资料重要的辅证。

---

① 夏征农、陈至立主编：《辞海》（第六版缩印本），上海辞书出版社 2010 年版，第 1981 页。

（三）口述资料

也称“活资料”。包括四个部分，一是当事人、亲历者、知情人对某个事件或个人经历的口述；二是各种事件发生时的录音资料；三是民间流传的奇闻逸事、故事、传说等；四是民歌民谣及地方惯用语、俗语、歇后语等。这些资料散落在村落中，很少有文字记载，但又是极珍贵的地方资料，应抢救这些易消失的文化资料。

三、参阅资料类别

编撰村志，收集村资料，对编撰者来说，有几种资料是必须阅读和掌握的。

（一）区县志

20 世纪 80 年代以来，区县级以上单位都编写了区县志，系统记述了区县自然、政治、经济、文化、社会、生态、人物的历史与现状，包括一些村的历史发展情况，这是我们了解区县历史发展进程的重要参考资料。

（二）区县党史大事记、革命史、建设史

20 世纪 80 年代以来，区县级以上单位都先后编写了党史大事记、革命史、建设史，记述了区县中国共产党地方组织建立以来的历史发展大事、中国共产党领导的革命斗争、中华人民共和国成立以来的社会主义建设与中国特色社会主义建设等内容，其中不但讲述了区县的发展，也包括一些村的重大事件，是村志编撰者了解一区一县近代历史发展概况的重要参考资料。

（三）区县地名志、政区概况

20 世纪 90 年代以来，区县级以上单位都编写了区县地名志、政区概况，简要记述了各区县与村的形成与历史沿革及阶段性发展概况等内容，是我们了解区县村历史发展进程的重要参考资料。

（四）区县改革开放 20 年、30 年、40 年资料

改革开放 20 年、30 年、40 年之际，各区县都编写了纪念改革开放 20 年、30 年、40 年的相关书籍，这些书籍是我们了解区县及村改革开放历史发展进程的重要参考资料。

四、村志资料的价值判断

价值的概念在经济学中广泛使用。使用价值是指物品的有用性，或物品的效用、积极作用，它能满足人们的某种需要。无论是文字资料还是实物资料、口述资料，对它们的价值判断，都有个人的主观因素影响。对修志来说，资料有没有价值，是“仁者见仁，智者见智”。因此，同样一份资料，因人的立场观点、思维方法、指导原则等存在差异，可能做出不同的价值判断。那么如何比较客观地对村志资料进行价值判断，尽量减少人为因素的影响，全面收集和科学运用资料呢？笔者认为应从以下几点考虑。

（一）价值判断标准

一是真实，即资料与客观事实相符。

二是信息性，即记述了一个具体事件、工程等，具备时间、地点、人物、过程、结果等事物的必要要素，言必有物，不是议论、抒情等体裁的资料。

三是符合村志记述的空间范围和时间断限。

（二）价值判断方法

“价值”概念是相对的，是人类在一定历史条件下，对某种物品是否满足人的需要所做的评判。对村志资料进行价值判断，是以村志的特点为基础来认识的。

一是“存史、资治、教化”功能是判断资料价值的出发点。资料有没有价值以及价值大小，主要看能不能发挥村志的功能，能不能满足读者对村志特殊的需要。换句话说，读者在村志中看到的资料是其他著作中所没有的，这样的资料价值最大。

二是坚持历史唯物主义的分析方法。对村志资料价值的认识和判断是历史的、具体的。村志资料是村自然、政治、经济、文化、社会、生态、人物的历史和现状的资料，对于每一件资料，都要从历史的角度分析其价值，对其他著作不收集、不关注的资料，村志要具体地、实事求是地进行判断，不漏掉有价值的资料。

三是坚持两点论和重点论。全面地认识事物和认识事物的全面，是唯物辩证法认识事物的方法。无论是反映成绩的资料，还是反映失败、教训的资料，都是有价值的资料，这是两点论。同时，两点之中必有重点，虽然成绩和失败在资料都收集和运用，但两方面中必然重点记述成绩，这是两点之中的重点。

第二节 村志资料收集

绝大部分村是首次修志，大规模系统收集资料尚属首次，资料收集、整理工作艰巨繁重，难度大，要求高，必须提高对资料收集与整理工作重要性的认识，规范资料工作各项制度。

一、调查人员的素质要求

在村志资料收集过程中，调查人员的村志认知水平、调查研究能力直接决定村志资料收集的水平和质量。调查人员的素质需要强调以下几点。

（一）对村志事物、村志篇目心中有数

农村各村村志事物千差万别，但有其显著的普遍性特征。村志编撰人员特别是调查人员，对村志事物的普遍性特征一定要有基本的了解，主要是对村里的自然、政治、经济、文化、社会、生态事物有一个基本的了解。这样才能对总体的调查研究做到心中有数，对每一次调查研究做到心中有数。无论调查过程、调查环境怎样变化，都能做到万变不离其宗，把握好每次调查研究的重点内容和对象。

（二）对村志事物的历史发展过程心中有数

每一个村志事物，都是在一定的历史发展过程中出现的。同一个村志事物，在不同的历史时期，其法律政策伦理道德背景、存在方式、内部组织结构、名称等都会有变化。调查人员只有在深入了解本地区政治、经济、文化、社会历史发展过程的基础上，才能把握该村志事物在某一历史时期的一般特征，依据这一特征，深入挖掘，才能准确概括该村志事物在这一历史时期的基本情况和主要特征。

（三）具备座谈技能技巧

在开展村志资料调查的时候，调查的对象是很有限的。这是非常考验调查人员的能力的。

一是无论你是调查自然、政治、经济、文化、社会、生态、人物的哪一方面，调查的对象可能一直是这些人。

二是村志资料调查中，绝大部分情况，是在调查对象的记忆中去挖掘我们要得到的资料。

三是调查对象的讨论可能始终处在发散思维的空间中。

这就需要调查人员善于启发调查对象，挖掘其记忆中的村志资料，更需要及时把控与会人员的思维指向，将其转移到调查研究的重点上来。

二、村志资料收集的基本方法

村志资料的收集是村志工作的基础。要保证收集资料的质量和数量，必须用科学方法收集资料，保证村志资料的价值和周延性、翔实性、缜密性。这就要求资料收集者要在对村自然、政治、经济、文化、社会、生态及其理论系统认识的前提下，在把握村志框架结构和章、节、目系统化特征的基础上，开列村志资料收集目录和清单，做好村志资料收集工作，为修志打下坚实的资料基础。

（一）座谈访问

编撰村志能查阅到的档案书刊资料很少，重要的是座谈访问。座谈访问是编撰村志特别是进行村志资料调查的首要方法。座谈访问主要是小组座谈会形式，其次是个别访谈形式。座谈访问需要注意以下几点。

一是座谈访问的提纲要具有很强的目的性，提问什么问题，需要人家回答什么，要有的放矢。提问什么问题，首先需要调查人员对这个问题有全面的历史的了解。比如调查农业生产，首先我们需要明确，农业生产包括哪些生产活动，各种生产活动有什么基本特点，包括使用什么工具、用到什么生产技能；还要了解在不同历史时期农业生产的基本情况，包括基本的经济制度、产品分配形式、人与人的关系等。只有对这些基本情况有了基本的了解，你才能真正调查了解某个村的实际情况，特别是其有什么特点。

二是座谈访问的提纲要具有可操作性，即调查的内容要准确、具体，具有可回答性，不能提问摸不着头脑的问题。

三是调查人员要掌握调查研究特别是座谈会的技能技巧，要能够牢牢把握座谈会的主题和方向。农村调查，不同于机关企事业单位的调查，调查对象文化水平不同、认知角度不同、记忆内容不同、表达方法不同等，会场发言发散性特征非常强，这就需要调查人能够很好地把控会场调查主题，有效引导调查方向，才能保证座谈会的实效性。

（二）查阅收集

编撰村志离不开查阅收集相关资料。一是到各级档案馆查阅档案资料；二是到有关的图书馆、资料室查阅收集村志资料。

（三）社会收集

编撰村志要面向社会，广泛收集资料。特别是要拜访村志事物的决策者、亲历者、知情者等。这些人有相当一部分可能已经不在村里，有的外嫁，有的外出工作，有的外迁，等等。调查人员要抓住一切线索，深入调查研究。

（四）实地考察

编撰村志，需要编撰者客观记录一些村志事物，只有实地考察，才能了解村志事物的实际情况，形成客观认知，才能进行客观记述。

三、村志资料收集的手段

收集村志资料，不但要掌握基本的方法，还要掌握一定的手段，以确保资料收集工作顺利进行。

（一）法律手段是最终保障手段

《地方志工作条例》第十一条指出："县级以上地方人民政府负责地方志工作的机构可以向机关、社会团体、企业事业单位、其他组织以及个人征集有关地方志资料，有关单位和个人应当提供支持。"这条规定为收集资料提供了法律保障。修志和编纂年鉴是政府行政行为，行使的是公共权力，从事的是社会公益事业，每个组织和公民都有义务为公共事业做贡献。

（二）组织、行政手段是主要手段

收集村志资料，时间紧，任务重，要善于在村“两委”领导下收集村志资料。组织、行政手段既快捷又有效，是收集资料的主要手段，也是最佳手段。

（三）经济手段是重要手段

行政手段收集的资料，多是政府部门的资料。而很多企事业单位和个人的资料，是在政府部门的视线外的。加上第二轮修志工作正处于市场经济改革中，很多政府行为已成为社会行为，单一的行政命令不能完全适应市场经济要求。因此，全面地收集资料，要增强主动性，改变等、靠、要的做法，把资料收集工作扩展到广大基层群众中去，靠社会力量，用经济手段，把大量散存于基层组织和家庭、个人手中的资料收集上来。这部分资料与群众生产生活息息相关，更为丰富具体，真实可信。按照《地方志工作条例》的有关规定，对提供资料的所有人或持有人，应给予适当报酬。

（四）注重网络手段

利用互联网收集资料是第二轮修志逐渐采取的一种现代方法。这种方法借助网络，能够快捷地收集大量相关资料。如政府开通的官方网站，各类文献资料相当丰富，且更新快、权威性强、存储方便。对于从网络中收集的资料，要特别注意甄别。

这四种手段是收集村志资料的基本手段，一般是四种手段并用，并根据实际情况确定采取的重点手段。具体到收集资料的实施措施，要制订详细的资料收集规划，拟订提纲。

四、制订资料收集提纲

资料收集是一个烦琐艰巨而又基础的系统工作。为避免工作盲目性，以及“眉毛胡子一把抓”“大海捞针”式地工作，确保按步骤、按质量要求开展资料收集工作，必须制订详细的资料收集提纲。

（一）胸有成竹制订提纲

村志编撰者只有在对自然、政治、经济、文化、社会、生态等村志事物有一个整体系统了解的基础之上，才能制订详细的资料收集提纲。

（二）资料收集提纲的内容

资料收集提纲主要包括资料收集的空间范围、时间范围、内容范围和资料使用标准。

一是空间范围。一般是本村范围内的资料，越境但又必须交代的资料作为补充资料进行收集。

二是时间范围。即村志资料收集的上下限时间。

三是内容范围。即按照村志篇目的内容，分篇、章、节的题目收集专题资料。

四是资料使用标准。即明确篇、章、节专题资料的具体收集标准。

（三）明确任务、方法、要求

收集任务包括从哪些部门收集、收集哪些内容、收集数量、完成时间等方面。要确定资料收集工作人员并进行分工，人员到位，责任明确，各负其责，团结合作。

以下是笔者 2013 年准备编撰一部平原村村志时拟订的村志资料收集、调查的提纲。（由于该村领导班子调整，该村志没有完成。）

《××志》调查写作提纲（征求意见稿）

一、村志的结构和调查写作内容

序言

内容：《××志》编辑出版的意义、作用。字数 2000 字左右。由本村知名人士、社会贤达、著名作家和上级主管部门领导撰写，可以是一篇，可以是多篇。

凡例

内容：规定《××志》编撰的指导思想、编撰原则、文字记述规范、记述的上限与下限等。

大事记

内容：用编年体的形式，简明扼要地记述《××志》在设定的历史时期内发生的重大事件。

概述

内容：概括叙述全书调查内容；介绍基本情况、地理位置、曾经发生的重大事件、村庄不同时期的亮点特色。

第一章　地理自然

调查内容：地理位置、村名由来、自然资源。包括村庄辖区范围、街巷地名、四邻村庄等。

第一节　村庄地理，包括地理位置、村落构成、村庄布局、村庄创建、村名由来等。

第二节　自然生态，包括土壤资源、植物资源、动物资源、气候、自然灾害等。

第三节　村庄沿革，包括不同历史时期的建置沿革。

第二章　村级组织

调查内容：村公所、党支部、管委会、村委会、贫协、民兵组织、妇联、团支部等村级组织的设立、机构组成、历任领导任职时间、不同时期的工作情况、突出成绩及表彰等。

第一节　村公所。

第二节　党支部，包括最早入党的党员、党支部建立时间、不同届别的党支部成员、不同时期的党员人数、党员中的典型、各届党支部的工作业绩等。

第三节　管委会。

第四节　抓革命促生产指挥部。

第五节　革命委员会，包括革命委员会建立时间、革命委员会成员、革命委员会的主要工作。

第六节　贫协。

第七节　民兵组织，包括民兵组织建立时间、不同届别的民兵组织负责人、不同时期的民兵人数、民兵中的典型、不同时期民兵组织的工作业绩等。

第八节　妇联，包括妇联建立时间、不同届别的妇联负责人、不同时期妇女的典型、不同时期妇联的工作业绩等。

第九节　团支部，包括团支部建立时间、不同届别的团支部负责人、不同时期的团员人数、团员中的典型、不同时期团支部的工作业绩等。

第十节　其他组织，如青抗先、游击小组、治保会、贫下中农管理学校领导小组等。

第三章　重要改革

调查内容：土地改革、互助组与合作化、人民公社化、生产责任制、联产承包责任制的情况。

第一节　土地改革，包括土地改革时间、工作队情况、村里组织情况、开展过程等。

第二节　互助组与合作化，包括互助组开展时间、数量、如何进行生产互助，合作化开展时间、如何成立、如何开展合作化生产、生产情况如何。

第三节　人民公社化，包括人民公社化时间、村里成立的是什么组织、如何组织生产劳动、如何吃食堂以及生产大队建立时间、如何管理、如何生产、如何分配。

第四节　生产责任制与联产承包责任制，分别是何时开始、如何推进、如何进行生产、有什么变化。

第五节　社会保障的变革，包括中华人民共和国成立前村民的社会保障、中华人民共和国成立初期的社会保障、互助组合作化时期和人民公社时期的社会保障、改革开放新时期的社会保障。

第六节　文化变革，包括民国时期的教学内容、根据地的教学内容、日伪统治区的教学内容、中华人民共和国成立后的教学内容、改革开放以后的教学内容，以及不同历史时期的文化活动和生活风俗习惯。

第四章　经济发展

调查内容：包括农业、林业、畜牧业、水利、队办企业、村办企业、个体工商服务业等情况。

第一节　农业，包括生产管理组织、经营方式，粮食作物、经济作物、蔬菜种植面积、亩产量、总产量，科学种田、生产技术情况，改革开放后的农业设施、旅游农业发展情况。

第二节　林业，包括在不同历史时期如何开展植树造林，以及有哪些林果生产、如何发展林果生产、不同时期如何经营、产量如何。

第三节　畜牧业，包括不同历史时期如何进行家禽、家畜养殖，不同时期有什么特点，改革开放后个体户发展情况如何。

第四节　农田水利建设，包括不同时期农田耕作条件、中华人民共和国成立后开展的农田水利建设情况。

第五节　工业，包括中华人民共和国成立前后手工业的情况，以及中华人民共和国成立后队办企业和改革开放后村办企业、个体企业发展情况，特别是建筑业等工业产业情况，要详细介绍企业建立的时间、地点、生产项目、生产规模、固定资产、主要设备、年收入、用工数量、主要负责人等。

第六节　商业，包括队办、村办、个体商业，企业生产经营的地点、营业面积、固定资产、流动资金、年收入、用工数量、主要负责人等。

第七节　服务业，包括队办、村办、村民个人服务业项目，经营开办的时间、地点、经营项目、营业面积、固定资产、流动资金、年收入、用工数量、主要负责人等。

第五章　村庄建设

调查内容：包括基础设施建设、村民住宅建设、村庄环境建设等情况。

第一节　基础设施建设，包括不同历史时期的道路建设、街道建设、饮水设施建设、通信设施建设、公共文化活动设施建设等。

第二节　村民住宅建设，包括不同历史时期村民住宅的建筑风格、建筑材质、建筑方法、典型住宅等。

第三节　村庄环境建设，包括不同历史时期的村庄格局、村庄规划等。

第六章　村民生活

调查内容：包括医疗、社保、公益福利建设及村民生活水平的情况和变化。

第一节　收入与支出，包括不同历史时期村民的家庭收入来源、家庭消费的方式内容、家庭支出的数额等。

第二节　医疗，包括不同历史时期医疗机构、医务人员、医疗水平等。

第三节　社保，包括不同历史时期实施社会保障的主体及社会保障的形式、人群、效果等。

第七章　教育文化体育

调查内容：包括教育、体育、历史文化（名胜古迹、文化社团和娱乐方式）、当代文化（社会主义精神文明建设）等情况。

第一节　教育，一是不同历史时期的普通教育，包括幼儿园、小学、中学教育的办学时间、办学规模、硬件设施、课程设置、办学经费、历届学校领导、学校老师、教学水平、教学成绩、受表彰的老师等；二是不同历史时期的村民教育，包括办学形式、办学时间、办学规模、教学方法、教学效果。

第二节　体育，一是不同历史时期的学校体育活动，包括课程设置、体育设施、活动项目、成绩等；二是不同历史时期的村民体育活动，包括活动形式、体育设施、活动项目。

第三节　名胜古迹，包括村中的塔、寺、墓、碑修建时间、规制、规模、建筑风格、铭文字画、宗教活动、祭祀活动等。

第四节　文化，包括各类社团的成立时间、组织规模、活动内容、活动形式、文化项目、特色艺技、获奖项目、牵头人物、主要人员等。

第五节　娱乐，包括赶集、逛庙会、看戏、看电影、看电视等。

第六节　社会主义精神文明建设，包括传统美德、社会公德、移风易俗、“五讲四美三热爱”、法制教育等。

第八章　姓氏民俗

调查内容：各姓氏的居住分布、基本构成、名门望族、大户人家，人口流动和外来人口，村民的风俗习惯。根据村民提供的资料而定。

第一节　姓氏，包括村庄姓氏及居住分布。

第二节　主要姓氏，户数人口前十名的姓氏村民现状、历史传承、家风家训等。

第三节　生产习俗。

第四节　节日习俗。

第五节　婚育习俗。

第六节　殡葬习俗。

第九章　人物

调查内容：英烈人物、有突出贡献的模范人物和游子。包括副高职以上专业人员、副处级以上国家干部、县区级以上劳模以及有突出贡献和较高威望的人物。

第一节　英烈人物，包括在中国革命、建设、改革开放新时期涌现的烈士、英模。

第二节　游子，包括在中国革命、建设、改革开放新时期做出贡献的游子。

第三节　历史人物，包括中华人民共和国成立以前有影响的村民、游子等。

第四节　村中人物，包括在不同历史时期为大多数村民服务、受村民赞誉的人物。

第十章　艺文

调查内容：村里人撰写的和写村里人的作品。包括乡镇以上部门采用的文稿、乡镇以上刊物采用过的文稿以及报社、期刊社、出版社出版的报刊书籍采用的文稿。

后记

内容：简述本书调查内容编排及背景情况。

二、调查方法和途径

（一）召开座谈会

组织村中各项村志事物的决策人、当事人、知情人，举行不同形式的座谈会。

1. 普遍调查座谈会。选择村中有代表性的人物召开座谈会，对村志事物的全面内容进行系统的开会座谈。

2. 重点调查座谈会。选择村中有代表性的决策人、当事人、知情人，举行专题内容的座谈会。

3. 走出村子进行重点走访调查，对具有代表性的决策人、当事人、知情人，包括驻村干部、知识青年、下乡医务人员等和村中外出参加工作或结婚出嫁的人员进行重点走访。

（二）查阅档案

村中派出人员与村志编撰者一同开展资料查阅。

1. 到镇政府、区直有关部门查阅有关资料。

2. 到区档案局查阅有关资料。

（三）查阅网络资料

在网上查阅有关村里的资料。

第三节　收集资料应注意的问题

村志资料收集是一门科学，疏忽不得，马虎不得。

一、把握收集资料的步骤

收集村志资料的来源渠道和形式较多，如何使收集到的资料既全面又节省时间呢？专家学者和修志人员从实践中总结出了收集资料的一般步骤。

（一）先内后外

村志资料都具有抢救性意义。迟缓一天，一些资料来源便掐断了。所以要先收集本村现有的相关资料，在此基础上，发现还缺少哪些资料后，从外部收集资料。

（二）先远后近

在村志时间界限内，先收集远期资料，后收集近期资料，即从上限到下限按时间顺序收集资料。

（三）先急后缓

由于村志资料的抢救性特点，要先收集口述资料、易流失资料、零散资料，后收集文献、档案资料。

（四）先博收后精采

先广泛收集资料，后重点收集。对所有时限范围内的资料都要收集，同时，突出地方特色的资料再重点收集。

二、"面"与"点"相结合

"面"，即尽量面面俱到，收集资料范围要广、资料内容要全面。做到横向不遗漏重要项目，竖线不断开重要历史阶段。从内容上看，宏观和微观、正面和反面、主要和次要、一般和个别等都收集；从类型上看，文字资料、实物资料、口述资料尽量齐全。收集的资料数量大、范围广，才可能从中探寻事物的发展规律和特点，找到事物发生的因果联系、必然性与偶然性等，才能发掘到真正有价值的资料。"点"，即特色资料、典型资料，它们能够反映一村特点，是要重点突出、必须收集的地方资料。

三、注重特色资料的收集

收集乡镇村志资料，特别是收集村志资料，要在资料收集过程中，主要是在座谈过程中（包括在记述中），注意收集乡镇村自然、政治、经济、文化、社会、生态历史发展和现实中表现发展特色的资料。记述一个特色事物，就是记述了一个时期某一个方面的时代特色，这些特色就能体现那个时代发展的特点。比如，改革开放以后，村里谁家买了第一台拖拉机、谁家买了第一辆小轿车等，把这些事物记述下来，就是记述了那个时段的发展特色。

（一）组织活动

组织活动，包括政治组织、群团组织、经济组织、社会组织等的活动，是村社会发展的重要方面。调查了解并记述了第一个组织的建立，就是记述了一个时期组织活动的时代特色。比如，我们调查了解并记述村里第一个互助组的建立，就是记述了那个时期村里经济社会发展的节点。

（二）生产耕作活动

农村不同时期的生产耕作活动，都具有不同时代的特点。调查了解并记述某一种生产耕作活动，就是记述了一个时期生产耕作的时代特色。比如，我们调查了解并记述村里挖坑田的方法，就是记述了那个时期村里农业生产的特点。

（三）养殖活动

农村不同时期的养殖活动，都具有不同时代的特点。调查了解并记述某一种养殖活动，就是记述了一个时期养殖活动的时代特色。比如，我们调查了解并记述村里养绒山羊的情况，就是记述了那个时期村里养殖业的特点。

（四）手工加工制作

农村不同时期的手工加工制作，都具有不同时代的特点。调查了解并记述某一种手工加工制作，就是记述了一个时期手工加工制作的时代特色。比如，我们调查了解并记述村里用麦秸编制草帽等的情况，就是记述了那个时期村里手工加工制作的特点。

（五）饮食加工

农村不同时期的饮食加工，都具有不同时代的特点。调查了解并记述某一种饮食加工，就是记述了一个时期饮食加工的时代特色。比如，我们调查了解并记述村里蒸年糕的情况，就是记述了那个时期村里饮食生活的特点。

（六）乡村技艺

农村不同时期的手艺人，都具有不同时代的特点。调查了解并记述某一种手艺，就是记述了一个时期乡村发展的特色。比如，我们调查了解并记述村里木工的情况，就是记述了那个时期村里建筑、家具的特点。

四、注重资料的发掘研究

编撰村志的过程，就是对资料不断挖掘的过程。只有对资料进行深入的挖掘，我们才能真正记述好村志自然、政治、经济、文化、社会、生态事物的历史与现状。村志要反映村的特点，就必须深入生产、生活一线，调查采访，收集活生生的第一手资料，挖掘背景资料、延伸资料等。

五、资料收集工作既分工又协作

我们前面讲村志资料收集工作实行责任制，即“采编合一”，这是问题的一个方面。另一方面，资料收集工作还要树立全局观念，提倡合作，在收集自己范围内的资料时，发现有价值的其他资料，也要及时收集起来，并通知相关人员进行保管。

六、加强培训指导

大多数修志工作人员对资料收集的规范标准、工作要求等不是很清楚，更缺乏实践经验。因此，进行资料收集工作的专题培训非常必要。

第四节　村志资料整理

资料的收集与整理是一个整体工作过程中密切联系的两个环节。整理资料，就是对零散、无序的资料，按照村志框架、篇目、行文要求，进行梳理、分类并加工成系统资料的过程。对村志而言，资料整理主要是编写资料汇编，即按照村志拟订的篇目，把收集到的所有资料进行筛选、梳理、加工、编排，以备撰写村志初稿时使用。

一、资料建档

村志资料是村志编撰的依据，村志完成后村志资料便转化为原始档案，因此必须对村志资料建立完整的档案。

（一）分类

将收集的资料，按照自然、政治、经济、文化、社会、生态、人物等进行分类。有些资料一时不便确定其归属的，可以列入综合类，以便在使用时进行统筹。

在实际工作中，应该在资料整理工作开始时即制定统一的资料登记表，做好分类保存的准备。登记表包括资料的来源（单位或个人）、类别（在村志篇目上的对应章节）、内容摘要、属性（原始资料或转录资料，即是一手资料还是二、三手资料）等。对于收集来的资料，应该做到边收集边分类边保存。

（二）科学管理

有条件的单位应指定一名高素质的资料管理人员集中管理到手的资料，做到分类管理、统一登记、分类编号。及时将书刊、录音等资料，制作成电子文档资料。必须杜绝把收集到的资料一锁了事或据为私有的粗放管理做法。资料收集的当事人也就是相应篇章的编撰者，要负责管理自己收集到的资料，用完以后统一归档。

二、资料汇集汇编，制作专题

对于收集到的资料，经过登记建档之后，还需要进行汇集汇编，并制作专题资料。此项工作要结合村志篇目进行，最好是边收集边整理。

（一）汇集

采用排列的方法，把同类的原始资料进行初步的筛选和集中。根据村志篇目的顺序，对资料进行有条有理的排列。汇集资料可以用稿纸抄写出来，打印装订，也可通过电脑来完成。可以在电脑中建立村志各篇目文件夹，把所收集到的原始资料通过扫描仪录入电脑，在电脑中进行编排，并归入相应的文件夹。汇集资料不仅比较系统，而且保留着资料的原始性，极具存档价值。在电脑中进行汇集工作更便于存储，也便于进一步的加工制作。

（二）汇编

汇集只是初步的排列组合，汇编则是在汇集的基础上，对资料进行进一步的筛选和修饰加工，使其更趋于条理化，使事物的始末一目了然。资料的整理编辑又分为汇编和长编两种，以事为序的称汇编，以时为序的称长编。两者都是资料向志书初稿过渡的桥梁。

（三）制作专题资料

制作专题资料是在汇编基础上，对资料进行整理加工和再提炼，形成具有志稿雏形的专题文章。专题资料一般较好地反映了事物的发端、发展和变化的全过程，并能彰明因果、揭示规律等。因此，它已是志书的“毛坯”。

资料的汇编以及专题资料的制作都可以通过电脑来完成。需要特别指出的是，无论是汇集的原始资料，还是汇编资料、专题资料，每一个步骤都要注意存盘，真实、完整地保存资料。

资料的汇编有助于发现、补充资料的缺断和纠正资料的谬误，使之更系统、更可靠、更科学，有利于资料的分类管理和检索利用；可及时提供有价值的专题资料为现实服务；可为修志人员提供一个深入了解资料情况和编志练笔的机会，有利于提高志书质量；对那些尚未入志但又很有价值的资料来说，形成资料汇编后便可以发挥作用。

三、资料鉴别

资料的错误通常表现在以下几个方面：一是对于同一事物，几种不同来源的资料说法各异甚至相互矛盾；二是几种资料虽然说法相同，但与事实相悖；三是一些资料对事实的反映具有片面性，特殊历史时期的资料尤其如此，表达往往不够准确；四是有悖于科学常理或不符合专业常识；五是原文在刊载或摘抄时出现笔误，或在节录时产生歧义和重大缺漏；等等。

由于资料的错误是多样的、复杂的，考证鉴别时需要从实际出发，进行仔细核实和具体分析。主要方法有以下四种。

（一）书证

即把有关同一事物的不同类型的书面资料，包括各类文书档案、书籍、笔记、信札等，进行比较对照，以文献比文献。但要注意孤立的书证不取，即“孤证不立”。在分析资料时还要注意旧文献中相沿抄袭的现象。有时对同一事物的说法，几种资料虽然完全一样，但实际上同出一源，所以在书证时，要追溯根源、考订出处；要充分地占有资料，尤其是离事物发端的时间、地点最近，或是当事人的第一手资料，便于较准确地比较和鉴别。

（二）物证

即以实物资料和现场考察来订正文献资料。这种考证比较可靠，因为实物是第一手的，最直接也最真实。当然也有例外，在有些情况下实物本身也不一定能反映事物的本来面目。如文物赝品不能作为考证依据；经过加工、改建、搬迁的实物，与其本来面目相比也会发生变异，在进行物证时必须加以注意。

（三）人证

即用当事人提供的口述资料或文字资料来验证文献资料。这种“活资料”是修志资料的重要来源之一。但要注意“活资料”的可信程度，不要轻易以“活资料”来否定“死资料”。

（四）理证

在进行资料考证的过程中，当资料出现相互矛盾时，可以从以下五个方面进行考证。

一是图书资料与档案资料发生矛盾时，以档案资料为准。档案资料是第一手资料，是历史的真实记录，在所有的文献资料中最具有权威性，它所反映的史实相对可靠。其他图书资料相对于档案资料而言，多属于二手或三手资料，由于使用者的历史观点和使用目的不同，其结果都有可能在利用原始档案资料时产生偏差，或征引失误，或各取所需，或以偏概全，等等。所以，当图书资料与档案资料发生矛盾时，除非有足够多的相关资料能够证明档案资料有误，否则应以档案资料为准。

二是内部资料与外部宣传资料发生矛盾时，以内部资料为准。内部资料，包括工作笔记、信函、内部通报、工作简报等，多为第一手资料或根据第一手资料形成的二手资料。外部宣传资料一般取材于内部资料，是对内部资料的再加工，有些宣传资料往往根据当时需要或是其他原因，在对内部资料进行再加工时改变了口径，不一定完全遵从事物的本来面貌。所以，内部资料的准确度高于外部宣传资料的准确度。

三是距离事件发生的时间、地点近的资料同距离事件发生的时间、地点远的资料发生矛盾时，以近的为准。

四是亲身经历者提供的资料与旁证者的资料发生矛盾时，以亲身经历者的资料为准。

五是统计数据不统一的，以各级统计局正式公布的资料为准。

第五节　口述资料的收集整理

村志的微观资料是体现村志价值的重要支撑。收集整理口述资料，就某一事物做微观详细的记述，条分缕析，对于发挥村志存史、资治、教化的功能十分重要。

一、口述资料的概念和作用

所谓口述资料，简单地说，就是通过传统的笔录和录音、录影等现代技术手段，记录历史事件当事人或者目击者的回忆而保存的口述凭证。口述资料并不像有的人所理解的那样，就是“一人说，一人记”，而是一种将记录、发掘和认识历史相结合的史学形式，即通过调查访问，用录音、录像设备收集当事人或知情者的口头资料，然后与文字档案比照核实，并整理成文字稿。

口述资料的一个重要作用是提供第一手资料。对于历史学家来说，口述资料可以弥补史料的不足；对于人类学家和民俗学家来说，很多时候口述资料是知识的唯一来源，比如一些民间艺术家，他们的记忆可以提供与该艺术相关的社会文化背景信息及民俗知识。

二、口述资料的采访

村志资料的收集，是以口述资料的收集为主的，所以必须高度重视口述资料的收集方法。

（一）选择对象

访谈对象既可以是当地政治、经济、文化、教育等方面的代表人物，也可以是这类活动的一般见证者、参与者；可以是当地各行各业的重要人物，也可以是平民百姓，特别是那些在城市化进程中逐渐消失的行业的参与者、经历者，他们的历史是当地历史中不可缺少的一部分。访谈对象都是一段历史活的见证，又是一定文化活动的代表。尤其是与20世纪同步的各地历史变迁的亲历者，现大多已步入高龄期，不少人身体状态不佳，一旦去世便是当地历史的失忆。对于这一部分访谈对象，应该抢救性地开展口述资料整理，为时代和未来留下历史的踪迹。

（二）准备资料

应尽可能掌握访谈对象的生活背景资料、专业特长、兴趣爱好等方面的信息。此外，访谈对象的老照片、毕业纪念册或工作经历所留下的资料，以及同时代的一些有代表性的物品也应尽可能收集，因为这些都有助于访谈对象回忆。

（三）设计提纲

口述资料的收集过程，从表面上看采取的是聊天的方式，在访谈对象状态非常轻松的情况下进行，整个过程相当松散。但访问者一定要随时做到心中有数，这就要在事先设计好提问提纲。

（四）确定访谈方式

访谈有一对一的访谈，也有集体式的访问。对个人进行专访，必须让访谈对象有畅谈的空间，尽量不要有他人的干扰，这样访问才容易进入状态。访谈时最好能站在访谈对象的立场来发问。访谈中应重视语言的使用，针对不同年龄、不同职业、不同爱好及不同性别的访谈对象，要选用不同的切入点和兴趣点。重视访谈时的互动关系，访问者应仔细倾听，不要轻易打断访谈对象的讲述。

（五）整理访谈记录

口述访谈最困难的是整理访谈记录，因为访谈对象不会按照访问者所预设的方向一一陈述，可能会出现跳跃式的讲述。而整理记录还有一项重要工作就是查证数据，例如访谈对象提到某人、某地、某年或某机构时，一定要查到真实数据，一定要将访谈对象所处时代的制度或人、事、物弄清楚，多用心查证。

三、口述资料的整理

（一）要充分利用历史文献资料

口述资料的分析研究并不排斥历史文献资料，而是以广泛占有文献资料为前提。口述课题的选择、访谈问题的提出、访谈对象的确定、口述过程的引导、口述资料的取舍和分析鉴别等，无一不与访问者掌握广博的历史知识和“穷尽”历史文献资料相关联。访问者在访谈前对历史文献资料掌握越充分，访谈就越主动，越容易与访谈对象沟通，对口述内容就越容易理解，对口述资料的把握就越准确、越接近真实。

（二）选题要注意普遍和典型相结合

访谈的选题要有普遍性和典型性。访谈前的一个重要准备是设计选题，选题设计得科学合理，对访谈取得成功有决定意义。可供选择的内容包括重大历史事件、重要历史人物或有重要学术意义的题材等。尤要选择那些题材重要、有学术意义但缺少文字资料的题目来做调查，这正是口述资料收集需要重点关注的任务。

（三）访谈时要注意方式灵活

访谈对象的生活经历、文化层次和个性特点各有不同，所以访谈的方式也不可千篇一律。而访问者的知识结构、专业特点和兴趣爱好不同，所采取的访谈方式也会不同。所以，应根据主客体的实际情况，采取灵活的访谈方法挖掘事实。

（四）要保持客观态度

口述资料是以记忆为依据的，由于访谈对象认识水平和记忆的偏差，口述资料可能与事实有出入。但访问者在整理时，切忌主观删改，而应保持资料原貌，本着客观的态度整理口述资料，同时加以注释论证。若口述资料与文字资料互相抵触、难辨真伪，应使两种观点在资料中并存，以待进一步考证。访问者不可依据自己主观的价值标准来决定原始口述资料的取舍。对于那些带有时代性和地域性的口语，访问者也不可任意删除或更换词汇。保持口述资料的原始性，既是对访谈对象和口述资料的尊重，也是对访谈对象口述自身经历及感受这一历史活动的尊重，同时也给日后的资料使用者留出一个可供“继续被解释”的开放空间。

第八章　村志撰稿的要求

如何进行村志稿写作，不少同志心里不是很有数。要写好村志稿，就必须对村志各种体裁的特点进行认真研究，明确其特点，再进行村志稿写作，写作效率就会大大提高。

第一节　依据入志标准甄别资料

编撰村志，一方面，需要有系统的工作标准和要求，如领导体制、工作机制、队伍素质、编撰原则、志书体例、编撰时间、语言文字等，这些标准和要求很多是多年来反复实践和讨论过的，业界已经形成共识。另一方面，需要确定村志资料的入志标准。这是一个比较复杂的问题，也是难以形成共性标准的问题。但编撰村志应该认真解决这个问题，以提高编撰村志的工作效率和质量。

一、确定入志标准的意义

标准是事物质的规定性。没有质的规定性，就没有衡量判断事物的依据。

（一）必要的工作环节

编撰村志涉及村中方方面面的关系。有了入志标准，才能确保修志工作顺利进行，才能更好地实现修志功能。确定村志资料的入志标准，是做好村志编撰工作必不可少的工作环节。

（二）提高效率

确定了村志资料的入志标准，在整理资料时，可以提高资料收集的速度和质量。达到入志标准的，就认真收集整理；达不到入志标准的，就简单收集整理，减少不必要的劳动。

在编撰村志时，可直接以符合入志标准的资料为基础，简化资料分析时间，提高编撰效率。

（三）便于归类

对收集到的资料，按照是否达到入志标准分别进行归类管理，能够较快进行资料的取舍。

（四）避免负面效应

编撰村志涉及方方面面的利益关系，必须事先确定入志标准，才能更好地保证村志资料的有效使用，有效避免工作进程中不必要的纠纷，避免修志工作产生负面效应。

二、入志资料标准

在编撰村志时，要根据村落的实际，明确村志收集使用资料的标准，这也是收集资料的大纲内容。

（一）入志基本资料

能反映村建置以来特别是人民政权建立以来，村自然、政治、经济、文化、社会、生态事物的历史和现状的资料，特别是村中有特色事物的相关资料。

（二）村志事物入志标准

人民政权建立以来，本村不同时期的村级组织及其组织活动和成果等资料，村级组织主要负责人、副高职以上技术人员等资料，任职区、乡、镇、人民公社及以上级别行政职务的游子、副高职以上技术职称的游子等资料，区、乡、镇、人民公社及以上级别的先进个人、先进集体、复员退伍军人、革命烈士及其先进事迹等资料，被区、乡、镇、人民公社及以上部门、机关肯定的工作、生产、经营、管理的经验和方法等资料，被区、乡、镇、人民公社及以上部门、机关肯定的集体或个人的科研发明与创新、政论通讯报道文学创作成果等资料，被区、乡、镇、人民公社级以上主要领导机关、主要领导关注的重大事件及解决处理的过程、结果和经验教训等资料，区、乡、镇、人民公社职能部门及以上职能部门派驻村里的组织机构等资料。

村建置以来到清朝末年，本村的举人、正七品以上的官员、有名望的乡贤等资料。

（三）不得入志资料

凡是不能激发正能量或可能引发村不和谐、不团结、不稳定的资料，一律不得入志。确有史料价值的，暂交村存档（保密），待将来重修村志且不会产生负能量的情况下，编入村志。

第二节　把握序、述、后记的撰写

序、述、后记的撰写，是编撰村志必不可少的部分，在写作方法上，可以写得有文采一些。

一、序言的撰写

序言是向读者表述编撰宗旨的文章。从古到今，无论是著书、编书还是校书等，均在书的正文之前设序。村志一般由修志单位最高领导题序，也有名人题词，很少有主编自己作序。

（一）序言的分类

按照写作方法分为四种，一为说明型，多为作者自序；二为评价型，多为他序；三为阐发型，自序、他序均可采用；四为综合型，融说明型、评价型、阐发型为一体，兼而有之，内容全面，也是最为常见的序型，自序、他序皆可采用。

（二）序言的内容

与凡例、概述、后记比较，论志书不同于凡例，论地情不同于概述，论修志经过又不同于后记，因序言站得更高、看得更广。一般内容包括，一是对该志的地情时空定位，但只能是极精练的高度概括，不能扩展成小概述；二是乡村领导班子决定编撰村志的初衷、经过及最终决定的情况；三是确定编撰队伍和人员的情况；四是表达浏览志稿后的感想和体会，对编撰成员的感谢及对劳动成果的祝贺，评价要客观准确、恰到好处，不宜溢美；五是以本地领导人的名义对支持帮助修志的有关单位和人员表示感谢；六是抒发对人物与地方的情感，阐述编撰出版该志的作用和对社会效益的期冀。但无论是评价还是表示感谢，都应站在一地领导人的角度，行文应符合发表人的身份。

（三）序言的写法

序言虽有类型之别，但自古写序无定制，没有固定的写法和要求，其最显著的特点是作者联系亲身经历有感而发，要言之有物，有独到的见解和新意，不要空谈。为序之道，重在诚信，且讲究文风，力求简洁明快。如果阐述、评议深刻到位，可成为一篇独立的论文。

二、概述的撰写

概述是全书的总论，具有综合性、全局性、整体性的特点。读者在通读志书内容之前，通过阅览概述，可以总揽一地的全貌概况、优劣起伏、经验教训。概述侧重反映一地兴衰起伏的发展变化主脉，以叙为主，概写全貌，述功不夸大其词，记过不文过饰非。在各专志中无法落笔的关键论述，也可在概述中点明，甚至还可以处理一些弃之可惜的资料。一篇好的概述，往往是一篇很好的资料性议论文，或者是很好的夹叙夹议的记述文。

（一）概述的层次

一是在志书正文前设置的总概述，旨在昭示一地之总体大势和沿革主线，包括自然、经济、政治、文化、人口、社会等各方面及其相互联系，可以有适当的议论。二是在全书各类专志（分志）的章、节下的概述，旨在昭示本部门、本行业兴衰起伏的发展脉络，给人以整体的印象。三是章节无题小序，这实际上是最低层次的小概述，位于章下之节或记述条目的最前面，不加标题，只为加强宏观性综合记述，做到主线突出，以及容放难以归类的资料。

（二）概述的内容

概述要选取有代表性的资料，用简洁、凝练的语言，紧紧抓住本地的特点，突出重点，详略得当，从宏观的角度论述。一是纵论发展轨迹、事业更替演变，彰显成就，肯定社会贡献。二是论述一地事业的大势大略，探究发展潜力。三是阐述发展坎坷，探求经验教训。

概述纵述历史，横陈现状，统摄全志篇章。所谓纵述历史，主要是动态性记述该村的整体兴衰起伏，彰明因果关系，揭示内在联系，反映发展规律。所谓横陈现状，主要是反映该村的现状、成就、问题、潜力，使人悟出该村今后发展的趋势与方向，为领导提供决策依据。

（三）概述的写法

概述要根据村志记述的内容，严格按照“概括史实、提纲挈领、不蔓不枝、言简意赅”的基本要求来撰写。概述的撰写，除了按照逻辑关系组织资料外，必须突出主要线索，各项内容要围绕主线陈述，做到纵有规律、横有特点，结构严谨、有理有据。除了应该体现的时代特点、地方特点外，还必须使其具有权威性、理论性、学术性、纪实性和文学性，客观精要地总结一地发展过程的得失与经验教训。因此，在撰写概述时应当注意以下几点。

一是内容上要条理清晰，观点上要鲜明。不能平铺直叙地写成内容简介，要突出一地主要的特色和亮点。

二是寓议于叙，揭示规律，起到画龙点睛的作用。要力求表现出多门类各分志相互之间的联系、制约、影响等关系。要从村志的整体性出发，把一部村志当成一个系统来对待。

三是宏观与微观并叙，以宏观为主；纵述与横叙结合，以纵述为主；正面与反面并叙，以正面为主。

四是文风端正，简明、精辟、清新，论述富有文采，有可读性，有立论制高点，有情感起伏和心潮逐浪高的巅峰抒发。

三、后记的撰写

后记是放在书籍最后、独立成篇的说明性文字。或称“跋”“编后记”“修志始末”等。

（一）后记的内容

村志后记的内容涉及编撰目的、编撰经过、编撰经验、资料来源、体例结构及编者情况等，能够使读者加深对村志的认识和对编撰工作过程的了解。

（二）后记的写法

主要记述修志的缘起、人员选配、方法步骤、组织领导方面的成功经验，党政机关和领导成员关心修志的典型事例，为修志做出重大贡献的采编人员，修志过程中的重大起伏及其原因，便于读者了解当时情况，分析时代背景，更好地掌握、理解村志的指导思想和内容。后记要层次清晰、重点突出、简单明了。

第三节　把握凡例、记、图、表、录、特载、专记的撰写

凡例、记、图、表、录、特载、专记的撰写，是村志的重要组成部分，对文字内容有着比较严格的要求。做好凡例、记、图、表、录、特载、专记的撰写，是确保村志质量的重要环节。

一、凡例的撰写

"凡例"一词出自西晋杜预的《春秋左氏传集解序》："其发凡以言例，皆经国之常制，周公之垂法，史书之旧章"①。所谓凡例，就是阐明编撰志书的指导思想、编撰宗旨、编撰原则、体裁设置、编撰要求、框架设计、资料来源、时空界限、名称、篇幅字数、开本版式等重大问题的文字说明，是编撰者的编撰规范，是阅读者的阅读提示。

（一）凡例的内容

凡例就是志书的编辑说明，主要内容包括以下几个方面。

一是指导思想，应与国家的宪法、法律和基本理论、发展方向保持一致，要坚持以马克思列宁主义、毛泽东思想、邓小平理论、"三个代表"重要思想、科学发展观、习近平新时代中国特色社会主义思想为指导，坚持辩证唯物主义

---

① ［清］阮元校刻：《十三经注疏》，中华书局1980年版，第1705页。

和历史唯物主义。

二是编撰目的、目标，可以参照《地方志工作条例》第一条之规定撰写。

三是编撰原则，可以参照《地方志工作条例》第六条之规定撰写。

四是志书体例，可以参照《地方志书质量规定》第三章第八条至第十二条之规定撰写。

五是时空范围。时间界限是指村志记述内容的时间上下限年份，空间界限是指村志记述内容的地域界限。村志的时间上限，一般为行政区划首次设立该乡村或自然形成该村庄的朝代年月，但有明确指称本地建置前的史料，则亦应收列并记载，实际的上限只能从资料最早的年代开始。因各村大多以前没有修过志，一般不存在接续前志下限的问题。下限一般截至修志的上一年底，或由修志单位确定。如果志稿完成后乡村领导审稿时间拖得过长，跨了年度，则其中的大事记应延续到定稿印书，其前一年度的主要经济数据如有可能收集也可一并在大事记中载明。地域范围依下限年末的本地行政区域为界。

六是体裁构成、层次结构和行文要则，可以参照《地方志书质量规定》有关条款撰写。

七是记载先进单位和个人级别的原则，明确是哪一级机关颁授的奖项称号才收入村志。

八是村志资料来源。记述资料来源或出处，确保全书的科学性、完整性。

九是对特殊问题的处理原则和方法。

上述内容可归纳为三个层次：其一是通例，即贯通全书、对各篇章节均有约束力的撰写规定；其二是分例，即对某些内容和篇章具有约束力的局部规定；其三是特例，即用于处理本志某些特殊问题的规定，如一些词汇在本志中的特定含义等。

由于各地实际情况不同，收集的资料各有特点，在凡例中要有共性内容，又要注意突出重点和特色，说明本志记述上的特点。比如，某一词有多种含义，就应在凡例中特指本志中是何种含义；行政区划历史上曾分合拆并，同一地名或辖域在不同时期有不同的四至范围，在凡例中就要明确规定其地名或辖域的内涵和外延，且在本志的记述中保持始终如一；某一本地土语在志稿中应用较多，也要说明它在现代汉语中的专指意义。

（二）凡例的作用

一部村志到底要编撰成什么模样，体现什么特点，主要表现在凡例的规定上。凡例的文字虽然不多，但其作用不可低估。

一是指导和规范作用，驭繁于简。凡例中有了全书的统一规范，志稿撰写也就有所依循，省事顺笔。

二是帮助读者阅读理解。有一个简明的凡例，就等于全志有了明确的阅读指南，能起到事半功倍的效果。这也是凡例的主要宗旨。

（三）凡例的写法

凡例应草拟于修志之先，修订于编撰之中，定稿于村志审校之后，这是凡例制订的基本流程。通例、特例可以在志稿编撰前就拟定，以作为编撰者共同遵守的规则。随着编撰者对地情认识的逐步深入和编撰工作的进展，凡例初稿还要不断修改和完善。发现了新问题，有了新认识，就应适时对凡例条文进行增删。如果只依靠最终的修订，中途不及时增记或修改，有些普遍性的同类细节问题可能到完稿时就忘了，会造成不必要的疏忽和漏洞。在村志定稿之后和付印之前，还应该对凡例做一次全面审订、修改，使凡例由编撰者的编撰规则变为读者的阅读指南。

撰写凡例既不是理论性阐述，也有别于一般的技术性说明；既要有足够的条文说明编撰宗旨和思想，又要有足够的条文说明编撰原则和方法，理论与实践相结合，明确规定编撰思想、村志内容和体例形式。只有这样，凡例才能真正发挥指导村志编撰、制约全志和引领阅读的作用。

二、大事记的撰写

大事记主要记录影响本村的重大村志事物，其以时为序，依时系事，是用简明扼要的文字按照事件发生的时间顺序完整地记载本村发生的重大事件。

（一）大事记的体例

大事记撰写体例以编年体为主，辅以纪事本末体。编年体就是不分类项，只按年月日顺序逐一撰写，体现历史发展的脉络。年月跨度较大的事件，用纪事本末体，在遵循历史年月顺序的前提下，对一些一次性事件（如某项工程等）集中撰写，记其始末，使事件不零乱，保持事件的完整性。

（二）大事记的范围

所谓大事，是指本村在特定历史时期内社会、政治、经济、军事、文化等各个领域所发生的大事、要事。不管是推动社会发展或是阻碍社会前进，只要在某一区域内有较大影响的大事都要记。一是特别重大的事件要记；二是重要变革的事件要记；三是不平常的事件要记；四是有重要意义的事件要记；五是为后人所效法、有教育意义的事件要记；六是为后人引以为戒的事件要记。就村志来说，主要是建置隶属、拆迁建设、民生人文、善举恶案等。短时间内突发性的变革、兴衰、更新、灾异、反常者，也可择而记之，但超越村志时限的不记，超越下限时的行政区域的不记。如果村志稿的审阅时间跨越一年以上，则大事记应补记审稿期间的大事要事，例如本村主要负责人、组织机构变更等，在凡例中有关时间下限的说明应作相应修改。

（三）大事记的写法

大事记作为村志内容的组成部分，应注意与村志的正文相匹配。一是要注意取材全面，避免遗漏。撰写大事记前要充分占有资料，对确定入选的资料要充分确认后排列，不能缺项断线。既要反映出时代发展的主旋律，又要不缺漏重大人事，各领域各行业所记占比不要差别过大。二是要注意严格选择，突出大事。大事记不是流水账似的记事本，所记载的必须是大事、新事、要事，而不是琐事、凡事。既要取材广泛、前后贯通，又要避免事无大小、逢事即记，从而将真正的大事、要事淹没在琐事之中。三是要注意简明扼要、语言精练。大事记一般不解释原因，不详述背景。同时，又使人能读得懂，真正做到文约事丰、言简意赅。四是要注意大事记内容不能与村志正文矛盾，应保持一致。同时，大事记本身内容前后也不能矛盾，不能有歧义，特别要注意不能出现记详而志略，以及志有记无或记有志无的问题。大事记在村志中的位置，一般在概述之后。

三、图片的使用

图片主要指在村志中使用的地图、示意图、插图和照片。其具有真切的信息传递、具体客观的事实见证、超越时空的画面语言等特性，能把客观的物和人真实地再现出来，精准反映当时当地自然、社会、人物的面貌，因此有很高的存史价值。入志图片的资料性不仅表现为以画面语言体现纪实性，其说明文字也是重要的补充印证资料。图片作为文字内容有效补充的“无言之史”，在志书中的作用越来越被学界认同。此外，图片既可以作为志书封面美化元素，也可以点缀、衬托、修饰内文，使志书在版面的艺术设计、插图补白、美化装帧等方面更加新颖合理，其形象特点使志书的趣味性大大增加，使读者赏心悦目，激发阅读和欣赏兴趣。

（一）地图

地图是按一定要求绘制的地表自然元素和社会元素分布的示意图，有几何线条、符号系统和文字注记，重要地理信息数据采用测绘部门公布的法定数据。地图一般置于卷首，包括古代地图、乡镇政府所在地、村委所在方位图、行政区划图、交通图、水文图、土地利用现状图、产业规划示意图等。地图的使用应遵守国家相关规定。在村志编撰过程中，采用行政区划图、方位图等需经有关部门批准，取得审图号后方可入志。

（二）示意图和插图

在村志编撰过程中，可以根据实际需要，在相关章节中增设示意图和插图，用以标示乡村自然、经济、文化、社会等各个方面的发展与现状。示意图和插图的绘制较简单，主要是以数字为基本元素的统计图，其实际上是图化后的表，如条形图、曲线图，比文字更直观明了，可以使读者更容易理解相关村志事物的变化。

（三）照片

照片是志的一种表述体裁，是对志书体例、内容的丰富和发展，也是形象化的资料，新编志书中最常用图片载体。在使用照片时应注意，不用宣传性、广告性的照片，不用生人标准像，等等。照片的选用要以工作场景或实物照片为主。照片的文字说明，如时间、地点、事件及相关人物等要素应齐全。若为实物资料图片，应说明物体的名称或相关信息。入志的照片一般包括以下两种。

一是卷首彩照。彩照内容包括上级领导和名人来访视察、村领导活动、产业经济建设、社会生活、文艺体育、乡镇景观物貌等。上级领导活动的照片，应选择有代表性的工作场景和活动现场，且严格按其职务级别由先而后编排，并注意其版幅大小；产业经济建设的照片，应选择农耕劳动、工业生产、企业厂矿、商场物流、开发区、名优物产等；社会生活的照片，应选择代表选举、集体活动、家庭生活、文艺表演、体育比赛等；景观物貌的照片，应选择乡村建设工地、街巷胡同、公用设施、家居住宅、绿化美化等。入选照片要符合村志记述内容的需求。从彩页效果看，最少以 4 页为宜，依次为 6、8、10 等。照片较多可设若干栏目版块。

二是专志随文照。村志采用的照片，其一是要讲求真实性。突出照片主题，排版用图时可以对照片做必要的调色、修饰、裁剪等技术处理，进行局部的取舍裁切，消除图中无关的字符，以减少冗余信息。但不能对照片主体内容随意增减加工，比如抹掉人物面部皱纹等。其二是要讲求准确性。照片题材选择要“精”，文字说明要“准”，位置要紧密贴合文字内容，照片和文稿要相互照应。其三是要讲求完整性。照片画面的主体应突出、完整，特别是人物照片。其四是要写好文字说明，人物、时间、地点、事件等要素应齐全。

村志正文用图，定位页码暂时无法确定，可按其所在章节目标定其序号。图片的序号是很容易被忽略的一个问题。没有序号的图，会给文字表述带来困难，也会给排版带来麻烦，所以要按相关体例要求对图片标序。

四、表格的使用

表格是以某种顺序罗列数据，通过数据变化反映事物的发展变化与现状。表格具有篇幅小、容量大、表内各项相互关系逻辑明晰的优点。表格的要素包括表格的名称以及表格内数据的单位、时间、项目等。表格的填写要准确，项目要齐全，且不能与正文简单重复，更不能相互脱节，也不能以表代文。

（一）表格的种类

数字表可以分为统计表和一览表两大类。统计表就是对事物发展的数字统合分析，一览表就是事物发展的数字概览。表格中各个历史时期的数据应该齐全，数据来自权威部门或专业统计部门。对没有真实性把握的数字，坚决不用。

（二）表格的制作

村志表格的制作应注意以下几点。

一是一张表只能表达一个主题内容，不能同时有多个主题内容。

二是表格的编排要尽量简明，尽量减少表中套表、转面表或多页连续。

三是表格的表序一般居左，以所在章节的题序编号，用阿拉伯数字表示。如第三章第二节第五个表，可编表序为“表 3-2-5”。

四是表名居中，文字简明、要素齐全，包括地名或单位名、年月、事项等，体现表的主要内容。

五是表头即项目头，包括左上第一栏的栏头和栏目（上横行为主词，称纵标目；左竖栏为宾词，称横标目），其用语要明确清晰、简练准确。

六是表身即表中的统计数字采用阿拉伯数字，以个位数为准上下对齐，小数点位数全表一致。数字量值不能出现自相矛盾、表述不准确、违背行业标准、与权威资料不一致等问题。

七是表注置于表下，说明数字来源，其字号应比表中字号略小。

五、附录的编撰

附录是附载于村志各专志之后的有关专题纪实文件、文章、图表、索引、资料等。简而言之，是在正文中难以归类而又有必要保留的有关文献资料。志书的附录由来已久，从宋代开始，这种方式得到普遍认同。

（一）附录的种类

附录有志首录、志中录、志末录。志首录为目录。志中录有两种，一是各种名录，如人名录、动物名录、植物名录等；二是在篇、章、节、目之后的附录，收录与之密切相关的重要原始文献，与正文互为印证。志末录为全志附录。

（二）附录的功能

附录有存史和资治、补充和拓展、说明和印证、阅读和使用四大功能。

（三）附录的内容

重要文献辑存，包括乡、镇政府发布的文件、布告、通知等；重大事件纪实，对地方产生重大影响的重大事物、事件报告（如已设专记，可不收录此项内容）以及重要领导人有关本地区发展的重要讲话、指示、批示；重要史实考证文章，重大考古发现报告，具有代表性的乡规民约，优秀诗文选辑（主要指当地作品，且在公开发行的刊物中难以找到者）；重要的经济和科学资料，对本村经济、社会发展产生重大影响的发展规划；重要的综合性经济、社会统计数据，对本村经济、社会发展某一项事物权威性的调查报告；奇闻逸事以及其他有存史价值而正文中难以归类的资料，如考订辨疑等。

（四）附录的编辑

能记入正文的内容要尽量记入正文，但由于受体例和篇幅限制，有些重要的原始文献不可能详细记述，就要收进附录，否则有限的资料就没能“吃干榨尽”，对单薄的乡村方志来说就太可惜了。附录不以篇章节编次，而是先按类别排序，再按时间排列。附录的文献不能有任何改动，即使原文有字句、标点错误，只能在不影响原意的情况下，用括注形式标明。

六、特载的撰写

特载，是对某一个特别重要而正文中难以归类的事物展开系统记述的形式，是新方志对传统志书体例的一大突破。用专题特载把时间跨度大、背景过程复杂、对当前和后世具有影响力的大事、要事完整地放在一个特定的空间加以记载，对重要史料集中保存，易于突出特点，弥补村志篇目层层分解、割裂事物整体性的横排纵贯之不足，提高村志的科学性、可读性、鉴赏性。

（一）特载的特点

一是内容专而不杂，彰显地方特色和亮点。

二是记述完整全面，要素齐备，涉及面广。

三是文体不拘，结构灵活，宜纵则纵、宜横则横，运用包括报告文学在内的各种表现手段充分反映时代特色和地方特色。

四是位置突出，超前而醒目，不入正文之列，独立于篇章结构之外。

（二）特载的类型

一是事件特载，范围较广，如特定历史条件下的事件、具有地方特色的事件、具有鲜明时代特色的事件以及重要民生工程的事件等。

二是重要工程、企业和拳头产品介绍。

三是人物特载，如名人到村里视察。

四是重要的社会调查、专题考证。

（三）特载的写法

一是资料越翔实，就越能充分反映历史的真实，尤其要注意收集极具存史价值的图片和文字。但内容又不宜过于庞杂，不要记成大杂烩，要紧扣记述的主题，对可归类的尽可能归并到村志正文中去。

二是特载要有深度，写出视野的广度和思想的穿透力，给人以透彻感和纵深感，力戒平淡和泛泛记述。

三是特载要具体、形象、鲜活、生动，记述时可充分展开。

四是应借鉴纪事本末体的写法，表述完整的历史事件，避免过多的分析阐述。对于特别复杂的问题，也可以纪事本末体为主，适当加以综述。

七、专记的撰写

专记，或称专题记述，是对某一事件或事物展开详细记述的一种形式，其体例为纪事本末体。专记是纪事本末体在村志中的具体运用。

（一）专记的内容

专记是在村志体例允许范围内，充分利用背景资料、概括性资料和典型资料，着重记述某一特定事物在本地发生、发展和演进的过程，以充分展示地方特色、时代特色。

（二）专记的选题

受村志篇目和内容的限制，村志正文有时对某一重大事件或专项事物不可能详细加以记述，而这一事件或事物对当地的经济与社会发展又具有特殊的重要性和影响力，这时就可采用专记的形式记述该事件或事物，附于全志或有关章节之后，以补充村志正文。

但是，对特载、专记的运用应严格控制，不可过多。《中国地方志指导小组关于第二轮地方志书编纂的若干意见》明确指出：“慎用‘特载’‘专记’等形式，必需运用时应处理好与正文的关系。”① 否则，不但收不到编者立意的效果，反而可能给村志的记述带来许多弊病，造成体例不谐、内容混乱。

第四节　把握专志、人物志的撰写

专志、人物志是村志的主要部分，对文字、内容有着比较严格的要求。撰写好专志、人物志，是确保村志质量的重要环节。

一、专志的撰写

地方志体裁中的“志”，就是专志，即分志。专志通过分门别类系统地记述自然、经济、政治、文化、社会的历史与现状，使读者了解乡情、村情，掌握各项事物的发展过程、发展趋势。它是志书记事的主要形式和主要载体，是志书最基本的组成部分，也是志书的主体。

（一）专志的特点

一是专志所记述的是本村的独特内容，反映本村的基本面貌和历史演变，体现本村独特的历史发展规律，具有时代特色和地方特色。

二是专志在记述时“横排分类”，遵循“事以类聚，类为一志”的原则，先分大类，然后依次划分小类、条目，之后再依时间顺序依次展开记述。

三是专志在文字表述上，坚持让资料说话，分门别类对入志的资料进行整理、剪裁，用资料表述观点，褒贬寓于记事中。

四是专志记述了某一项事业或某一类事物，所以具有相对的独立性和完整性。

（二）专志的内容

因各事业或事物的历史和发展不同，所以专志的内容编写也不尽相同。但

---

① 《中国地方志指导小组印发〈中国地方志指导小组关于第二轮地方志书编纂的若干意见〉的通知》，《中国地方志》2007 年第 12 期，第 4 页。

这些专志在记述时还有一些共同的东西，即它们的共性，也就是各类专志主要记述各事业或事物的发展情况，因此专志的记述应以村志事物的历史和现状为主线。

一是记述村志事物的概况。专志应记载乡村各项事业发展的基本状况，写出其有利和不利条件，为现实活动提供参考。如农业志需要记述耕地、土壤、气候、水利等表明农业发展基本状况的要素；工业志则应记述原料、能源、工业用水等要素。

二是反映村志事物的发展、变化。专志应反映某项事业在不同历史时期或发展阶段的变化和发展，不仅要反映数量、形式上的变化，还应更深层次地反映事物发生的本质性的、根本性的变化，使读者通过对现象和本质的透视，发现事物发展的规律。

三是点面结合记述村志事物。专志在记述中既要记述该事业的基本情况，反映事物发展的全貌，又要有重点地选取典型事物，使记述具有一定的深度，突出展现一地或一事的特色，增强专志的记述效果。

四是记述村志事物的成绩和不足。专志既应记述各事业或行业发展中取得的成就，反映改革开放以来的成果，还应记述某事业或行业发展中出现的失误或存在的不足，以彰显先进、鞭策落后，避免以后再发生此类错误，使不足之处得到改善，使成功的经验得到推广。

（三）专志的写法

村志编撰，就是“写志”，“横排竖写”是编撰志书约定俗成的原则。横排，就是指分门别类，横向排列各项事物；竖写，就是按照时序，纵向叙述各项事物。各类事物是志书“横排”的门类，志书中的各项历史线索是“竖写”能够成立的基础。也就是说，篇目标题是分类的，题目之下的文字记述是依时展开的。横排是形式，竖写是方法和技巧。把握好“横排竖写”的写作方法，才能把历史发展演进过程与现状完整、系统地呈现在广大读者面前。

按照历史发展的线索系统地记载事物，是志书进行“竖写”唯一的行文方法。对于编撰者来说，一部志书要“竖写”好一事类，必须掌握志书“竖写”的基本方法与要求。编写专志通常使用的方法为依时分阶段撰写式、多角度撰写式、逐年或逐事撰写式、综合记述与典型相结合撰写式四种。

一是依时分阶段撰写式。这也是专志主要的撰写形式。其是按照事物发生、发展、变化的过程和时间顺序，采用顺叙法记述，不得使用倒叙、插叙和补叙。具体的写法是将志书最基层标题即竖写单元内的事业、事物分成若干个阶段记述，各阶段的发展主线不断，在各阶段的转折点则运用标志性资料、典型事件、典型数据予以突出记述。每一个阶段可为一自然段。这种方法适于撰写因政策的调整、机构的变化而呈现出明显发展阶段性的行业、部门或事物。在写作时要把握好起点、转折点和终点（现状点），即“三点一线”。

其一是把握好起点。起点应包括所记事物上限时的背景、基础、前提、起因等过程。交代原因和交代背景主要差别就在于，交代原因是说明受了谁或受了什么要求而从事某项工作，而交代背景则是说明受到什么影响而从事某项工作。其二是把握好转折点。转折点是志书内容的主体部分，一项事业发展变化的阶段性和经验教训，主要是通过这部分内容反映出来的。这部分内容多、篇幅长、地位重要，始终是修志中的一个重点和难点。比如乡村的居民生活，就可以根据资料划分成中华人民共和国成立前、中华人民共和国成立至1957年、1958年至60年代初、60年代初至70年代末、80年代后等几个阶段。其三是把握好终点。终点的内容主要包括：进行纵向对比，反映该事业取得的成就，要以具有说服力的事实和数据，写出该事业发展到什么程度。进行横向对比，反映该事业在更广大行政区域内所处的排序位次。记述该事业发展的贡献和影响，反映该事业发展后对该地区所起的作用。入志的下限资料要完整充足、丰富多彩。此外，在终点还可发表画龙点睛的简短议论，使村志的深度和思想性得到升华。

二是多角度撰写式。撰写专志正文时，可能会遇到记述内容比较复杂，仅纵记一条线或依时序记述容易混乱，如果再分类目又会显得零碎的情况。这就需要对该竖写单元的记述对象再暗分几个类项，但从形式上不再设标题，而是按照事物的不同类项，分成几个自然段，分别顺时完整记述，这种形式也被称为“花开几朵，各表一枝”。如将“拥军优属抚恤”分为“牺牲病故抚恤”和“伤残抚恤”两类，然后按时间顺序分别记述抚恤政策等的变化沿革，还可附表列出断限内各年的抚恤费支出情况。

三是逐年或逐事撰写式。这种方法主要适于撰写较长时间无大的变化，或是突发性、无阶段性、无规律可循，或虽属同一大类但互相联系松散的事物历史与现状的撰写。例如文物，就可将发现、发掘的文物，按时序逐项记述。有点儿类似大事记，但对文物的记述会更详尽。

四是综合记述与典型相结合撰写式。在志稿撰写时常常遇到这样一种情况，就是记述对象没什么转折点，也不分什么阶段性，它的出现很不规则。这种情况下，在记述该事物时，就可以先述其概况，再选择其中的典型加以记述，突出有代表性的人、事、物。如记述科技成果，可以在第一自然段综述其概貌，下面再完整地分写几个较重要的成果。

（四）专志撰写应注意的问题

一是要注意志书不同于公文，不能把志稿写成工作总结。把志稿写成总结式，是第二轮修志中发现的突出问题。志书重在记述事实，虽然也要体现工作中的经验和教训，但经验和教训只能寓于事实的记述之中，不能像写公文那样，直接归纳总结出几条经验和教训。

二是不要出现教科书式的语言。使用说教的口吻以及教育式的口气，不仅不符合志书的要求，同样也违背志书纪事、纪实的原则。教材、讲义是系统性地向学生讲解学科知识的，而志书的知识性体现于资料中。志书不是教科书，对于名词的解释等一般不入正文。比如记述冰灾事件，应该记述发生冰灾的时间、地点、规模、损失，至于冰灾是怎么产生的，不在志书的记述内容之内。

三是不要出现新闻式的语言。志书记述历史又记述现实，不能像新闻报道只记新近发生的事情，而是要完整地记述事物的发端、兴衰与现状，不宜采用新闻写作要求和章法。

四是不要将志书编成文件汇编。避免在志稿中出现引用文件、规章制度太多的情况。在志稿中引用一些必要的、能够说明问题的文件、规章制度等，能起到画龙点睛的作用。但如果过量地引用，使志书成了文件、规章制度的资料汇编，则是不可取的。因此，在专志中记述事物，既要突出重点，又要突出特色。

五是不要将志书编成统计手册。如果使用统计报表过多，有关数据统计总表、分表以及明细表排列数十张，会使读者产生在读统计手册而不是志书的感觉。表格在志书中使用是必不可少的，但志书需要的是能起到说明问题和增强数据可视性的表格，而不是罗列大量的统计表。

六是不要出现文学描述的手法。志稿的写作有别于文学作品的创作。志书记述历史事实和现状，以及事物发展过程，所以不能采用文学描写手法，不允许虚构人物故事，不用衬托、渲染、夸张和想象等表现手法，不用对人物进行深入刻画或对事件进行场景描写。

二、人物志的撰写

人物志是乡村地方志的一个重要组成部分。其用本地人物彰善惩恶，以乡贤达人引导乡民，以先进事迹激励后人、以反面案例警示后人，引领社会公序良俗，是发挥村志教化作用的重要依托。人物志因其涉及面广、敏感性强、社会关注度高，编写起来难度较大，是修志过程中最为棘手的一项工作。

（一）人物志的主要文章体裁

一是传记。其较为详细地记述人物的一生。传记的写法多种多样，按所传人物多少分，有独传、合传、附传、群传等；按记述的字数多少分，有大传、中传、小传。人物传一般都采用独传，即单传，但也有少数几人的合传。人物传的内容包括传主的姓名、出生年月、籍贯、职务、求学情况及主要事迹等。人物传采用纪实性记述体，不评不论，寓褒贬于记事之中。

二是传略。其是比较简单的传记，一般只记人物的主要事迹，不详细记述人物的一生。写法同传记，只是篇幅短些，突出写人物的一个阶段或一个方面，但是比简介要详细。

三是人物简介。其近似传略，文字又比传略简要，即简单介绍生人或已故人物的情况。人物简介的写法不同于人物传，简介仅着眼于人物的一个阶段或一个方面。写简介要注意避免过简或不简的情况。

四是人物名表。其是用表格的形式收录入志人物，有生人，也有已故人物，列人物姓名、职务或职称等内容。

五是人物名录。其列明人物的共同入志原因。人物名录是介于简介和人物名表之间的一种体裁，记载项目较名表要多些，包括人物的姓名、出生年月、民族、籍贯、职务、学历、工作简历及主要荣誉事迹等。

（二）人物传记的内容

人物传记的内容主要包括人物的姓名、字号、别名、籍贯、出身、家庭情况、教育情况、工作情况、主要经历、主要活动和事迹、重大贡献和影响等。字数较多的人物传，可先简述其生平，再述其主要事迹，这样既可看出其一生简历，又能突出其主要活动，显示其对社会的贡献和影响。字数较少者则按其生平顺叙其事即可。

（三）人物志的撰写原则

为村人物立传应遵从地方志书编撰惯例，遵循生不立传、以本籍人物为主、以正面人物为主、功业卓著、实事求是的原则。人物立传必须是过世之人，健在人物的突出事迹可写成人物简介，或放入相关篇章以事记人。

生不立传，一是因为志属信史，立传人物事迹要经过一定时间的检验稽核，方能达到存真求实的目的。二是在世人物发展趋势难做定论。一个人一生的进程非到生命停止是没有完成的，如果对生人匆忙立传，今后就可能要做补充和修改。为在世人物立传难免遇到诸多不便。

（四）生人入志的写法

生不立传不等同于生不能入志。村中在世人物入志通常有以下两种办法。

一是采用以事系人的方法，把某些村中杰出人物的事迹载入相关的志文中。

二是采用列表的方法，把某些有一定影响的人物的基本情况和突出事迹入表记载。人物列表的编排顺序，从一些出版志书的实践来看，最简便、最稳妥的办法是按生年排列，无论人物的职务有多高、社会影响有多大，均以出生年月先后排序。

（五）人物志的撰写要求

在体现人物基本要素的前提条件下，尽可能地将人物写得有血有肉、生动感人，具有可读性。充分掌握传主的全部历史资料，在其一生中选取最主要的事件和真实感人的细节，选用准确生动的语言，将人物个性特征鲜明地复现在读者的面前。人物志不能将传主个人资料扁平化、简单化，而是要有一定的深度挖掘。在思想上，对入传人物不要一味“赞”字当头，而是要有一定的事迹评价。不同历史人物的社会贡献也是有所不同的，有的人物重在军功、政绩方面，有的人物重在学术、思想方面，有的人物重在发明、创造方面，有的人物重在教育、文化方面。还应重视对乡村草根人物及民间能工巧匠的具体介绍。不能把人物模式化，更不能以偏概全。对于所有人物，都要进行全面普查、重点收集，既不要遗漏其主要事迹或事迹的主要方面，也不要片面滥收，更不要有意遗漏。收录人物事迹的同时，一定要注意收集图片资料，这是了解一个人物个性风貌的主要途径，不能缺失。

第九章　村志修改、审稿与出版

编撰村志是创造、再创造的劳动过程。一般来说，准备、收集资料、编撰、修改、出版是志书的“五部曲”。古人说：“文章不厌千回改。”修改不好，难免功亏一篑。从初稿到定稿付梓，必须反复修改，数易其稿。

第一节　村志稿的齐清定

村志稿进行最后定稿，要依据村志的体例要求，统筹全书，完善篇目结构；查漏补缺，完善记述内容；精益求精，完善村志书稿。要切实做到齐、清、定要求。

一、齐

村志稿的篇目结构、体例、内容要齐全。

一是篇目结构要齐全，包括序言、凡例、目录、概述、大事记、篇目（自然、政治、经济、文化、社会、生态、人物）、附录、参考文献、后记等。

二是体例要齐全，即凡例、记、志、传、图、表、录等要素完备。

三是内容要齐全。横不漏项，纵不断线，目录、概述、大事记、篇目（自然、政治、经济、文化、社会、生态、人物）、附录、参考文献、后记及凡例、记、志、传、图、表、录各部分的内容要齐全。

二、清

村志稿的篇目结构、内容要清楚，符合排版的需要。

一是内容核实准确。即序言、凡例、目录、概述、大事记、篇目（自然、政治、经济、文化、社会、生态、人物）、附录、参考文献、后记等内容详加核实，准确无误。

二是文字表述清楚、正确、准确。村志的每一个文字、每一个人名、每一个地名、每一个组织名称、每一个概念，都必须清楚、正确、准确。

三、定

序言、凡例、目录、概述、大事记、篇目（自然、政治、经济、文化、社会、生态、人物）、附录、参考文献、后记等内容核实确定，发稿后不再大篇幅改动。

第二节　自校村志稿

村志稿齐清定后，要依照《地方志工作条例》《地方志书质量规定》和《中国名村志文化工程实施方案（2022 年修订）》要求，自己校验书稿。

一、自觉遵循志体、志语、志述规矩

使用规范的现代语体文记述，不用总结报告、新闻报道、文学作品、教科书、论文等写法。要坚持“述而不论”的原则，不直接表述事物发生、发展、变化的规律，不直接褒贬某一事物，不使用形容、夸张、比拟等文学修辞方法，只是通过科学的体例设置，客观、全面记述事物的产生和发展演变过程，展现事物的基本面貌，把事物的发展规律蕴含在村志稿的资料中。

二、审查全书结构和内容

审查全书篇目结构是否科学、合理，内容是否全面涵盖了全村自然、政治、经济、文化、社会、生态、人物等各方面内容。

一是审查篇目设置。篇目设置不合理的，要重新调整篇目结构。

二是审查文章结构。依据村志资料的实际情况，对村志资料进行升格、降

格以及合并同类项，使村志重点突出、结构均衡。

三是审查入志资料。明确入志内容要求，切记村志记述的是村中大事，不能用镇志、区县志大事的标准衡量。

四是审查志书内容。内容遗漏不全的，要进一步查找资料，补齐内容。入志内容要坚持“通典不录”的共识。

五是审查志书体例。记、志、传、图、表、录体例不完善的，要根据体例要求进行修改。

六是审查概述、章下述。要特别注意其撰写是不是做到了概括介绍。

七是内容把关。一定要请村里、区史志办等部门对志书内容（人名、地名、数字资料）进行把关核实。

三、审查行文要求

一是使用规范汉字。用词概念准确，符合现代汉语语法规范。

二是包括自然、政治、经济、文化、社会、生态等方方面面的内容无知识性和常识性错误。

三是包括各种组织、机构、法律法规、文件、会议、专题活动等专有名称，均要使用全称。

四是不同时期的团体、机构、职务等名称，均用当时相应的名称，不使用现在的名称。

五是特定事物，如山脉、河流、湖泊、水库、公路、铁路、航线、文物、名胜古迹、重大事件等，其名称和数据以国家有关部门公布的资料为准。

六是记述自然资源涉及本地生物名称的，首次出现时采用二名法，括注本地俗名。

七是统计数据以国家统计部门公布的法定数据为准。

八是数字、计量单位、标点符号的使用规范、统一，符合国家有关标准的规定。

九是表格包括表序、表题、表体和必要的表注等要素齐全，全书表格样式规范统一。

四、审视特色

在按照各项规定对村志稿进行规范的基础上，还要深入挖掘各村特色和精神灵魂。要加大微观资料入志，注重收集运用“最早”“第一”“之最”等反映改革开放变迁的鲜活资料。切忌千志一面。

第三节　反复修改村志稿

村志稿的修改方式，主要有编撰者自己修改、互相修改、集体修改、主编修改、专家和领导修改等。修改的内容主要包括以下几个方面。

一、结构性修改

初稿完成，首先要审视全书结构，进行结构性修改。结构性修改有时往往是颠覆性修改。如同盖房，首先要调整好四梁八柱，才能进行下一步修改。结构性修改主要包括：志稿篇目是否合理，段落内容是否重复，内容表述逻辑关系是否合理，内容比例是否平衡，段落主次是否合理，图表位置、资料应用是否合理，等等。要从宏观上考虑村志的整体性，以求志书大结构、大框架的科学合理。

二、修改表述不当的词语

凡不合文体、用词不当、褒贬失宜、概念含糊、表述不准、文繁句冗者，均应修改。常见的用词不当主要有以下几种情况。

一是文白夹杂，违反只用语体文的原则。

二是言不及事，有违据事直书的原则。

三是抒情、夸张、比喻、拟人等手法杂入村志稿中。

四是定语、状语、补语并用，不符合文字简洁的要求。

五是偏尚文辞，言不符实。

六是滥用简称。

三、删减不必要的内容文字

一是删去空洞无物、无用或用处不大，以及对条目的解释、对事物的常识性说明、越界而书的文字内容。

二是删去标语式、口号式、教科书式的语言及套话。

三是删去猎奇以及宣扬封建迷信、陈规陋习的记述。

四是删去不符合保密规定的资料。

五是删去滥用的断语、滥发的议论。

六是删去多余的、重复的记述。

四、增补调整性修改

一是增补反映事物本质的资料，写出深度。

二是增补有代表性的典型资料。

三是增补具有本地特点、时代特点和专业特点的资料。

四是调整位置不当的资料。

五、规范性修改

依照《地方志工作条例》《地方志书质量规定》及出版要求，对志稿中的字体、标点符号、称谓、时间、数字、计量、引文、图表等逐一进行修改，达到规范性要求。

第四节　审核村志稿

编撰村志属千秋大业，质量第一。对村志稿进行审核是提高和保证村志质量的有效环节。这种审核不是可有可无，而是必须严肃进行的。

一、审稿标准

《地方志工作条例》第十二条规定："以县级以上行政区域名称冠名、列入规划的地方志书经审查验收，方可以公开出版。”《地方志书质量规定》第三条规定：“志书质量的总体要求：观点正确，体例严谨，内容全面，特色鲜明，记述准确，资料翔实，表达通顺，文风端正，印制规范。”审稿工作具有法定性、强制性，这是保证志书出版质量的重要一环。

二、审稿程序

审稿是广泛征求审核意见，解决村志稿是否存有失实、失体等方面问题的重要环节。编撰村志，必须从村志编撰实际出发，严格审稿，把好村志稿的史实关、体例关、文字关等。要做到承编者、修志主体（主要领导、班子成员、当事人、知情人）、专家学者三方面审稿，缺一不可。

（一）承编者初审

承编者要按有关规定，确定评审人员、评审方式及程序。初审应对村志稿作全面审查，重点把好政治关、保密关及史实关，并把握以下审查重点：入志的资料是否真实、准确，是否符合国家安全和保密规定；篇目设置是否合理，是否做到横不缺项、纵不断线；内容记述是否全面、客观；文体、文风是否符合志体要求，做到行文规范；记述是否能够突出时代特色、地方特色和专业特色。初审后，要根据评审建议和意见，进一步对志稿进行加工修改，达到复审标准。

（二）修志主体复审

修志主体特别是村志编撰主体，要组织或指定专人审稿。

一是对志稿中的人名、地名、组织名称、方志事物名称、图片、入志数字一一进行逐字认真审核。

二是对村志事物的人物、时间、地点、过程、结果的准确性进行审核。

修志主体审核无误后，交由承编者修订。

（三）承编者正式形成终审稿

承编者依据修志主题的复审意见修订村志稿，正式形成终审稿。终审稿应符合齐、清的要求。齐，即编委会成员名单、编撰人员名单、目录、正文、图表、照片、附录、编后记等要件齐全；清，即文字规范流畅，图表、照片清晰、合理。

（四）专家终审

村志稿要请有关专家协助终审，以此来补足修志人员史识之不足，使村志稿各方面都符合方志规范和相应水平。

（五）承编者正式形成送审稿

承编者依据专家的终审意见，进一步修订村志稿，正式形成送审稿。

（六）修志主体审定

送审稿由村相关领导按规定的程序和方式做全面审查。审查的重点，一是做到体例完备，运用得当；二是结构严谨，分类科学；三是层次分明，排列有序；四是文字、数据、图表规范、准确无误。通过审定后，送审稿由村主要领导签署意见，并加盖公章。

（七）修志主管部门审定

地方政府修志主管部门审定后，承编者要继续做好修订工作。待地方政府主管部门审定无误后，可以送出版社出版印刷。

第五节　村志稿的出版

村志稿定稿后，应遵守国家关于出版的政策法规和相关文件要求，把提高编校质量贯穿出版全过程。

书稿经出版社初审、复审、终审后，交付排版。在编校稿排出来交给编撰者校对时，编撰者就要将重点放在核实、规范全书文字、图表、版式上。除了将编校稿与原稿进行互校外，还应按志书出版的规范化要求，由专人检查志书的重点部分，如序言、凡例、目录、标题、编后记、图照、名单等，其排列、文字是否规范无误，尤其是人员名单千万不能出错。在概述、大事记和专志各篇章节中多次出现的数字和资料、标题数序等要专项查对，认真核实数字、计量单位是否统一，图表设计是否美观，说明文字是否正确无误，书眉位置是否正确。书眉是正文章节变化的反映，除必须与村志稿正文章节标题文字保持一致外，还有其固定的版面格式要求，即双数页码排一级标题，单数页码排二级标题（如无二级标题，单双页码均可排一级标题）；同一面上有两个二级标题时，应排后出现的；眉题一般排在切口一侧或居中。

村志稿最后由出版社全面检查核实无误后交付印刷。印刷厂装订好样书出来后，编辑还要把志书的“五官”部分，如护封、扉页、版权页、序言、名单、目录再详加核实，如发现重大差错，及时反馈、修改。样书确认后交还印刷出版部门付印，一本志书的编撰出版流程到此结束。

参考书目

黄苇. 中国地方志词典［M］. 合肥：黄山书社，1986.

《中国方志大辞典》编辑委员会. 中国方志大辞典［M］. 杭州：浙江人民出版社，1988.

曹子西，朱明德. 中国现代方志学［M］. 北京：方志出版社，2005.

刘文江，李桂清. 区县地方志管理概论［M］. 北京：方志出版社，2007.

刘文江. 方志分类与方志篇目设置［M］. 北京：方志出版社，2010.

刘文江. 房山志鉴文集. 2010.

北京市地方志学会. 修志文献汇编. 北京：2004.

后　　记

写作，是随文字发展历史而不断发展繁荣的重要社会活动之一。写作，一类是文学文艺作品写作，包括小说、诗歌、散文、报告文学、戏剧、小品、电影文学等。一类是应用文写作，包括一般应用文写作和公文写作，而公文写作又包含党政机关和非党政机关公文写作。还有一类，就是历史、方志的写作。由于历朝历代的历史、方志写作都是官方为主，又是极少数人的写作，特别是国史和县级以上志书的写作都是以“编”为主，所以，在写作的研究和教学中，始终没有收录史书、志书的写作。

盛世修志是中华民族的优秀文化传统。随着新中国社会主义事业和改革开放后中国特色社会主义事业的发展，社会文化理念在不断深化，史书、志书编纂特别是村志编撰的范围迅速扩大、任务日趋繁重，实际投入史志工作的队伍急速扩充，队伍的素质亟待提高，史书、志书特别是村志编撰写作教学的任务日益紧迫。

村志的编撰不同于国史、地方志的编撰。绝大部分村志的编撰没有基础的档案文字资料，主要依靠自己对农村自然、政治、经济、文化、社会、生态的认知，深入调查研究，借鉴他人的志书，然后进行撰写。所以村志村史编撰，是新时代写作任务的重要工作内容，也是新时代写作教学的重要任务之一。在房山区，大量的村志编撰是近十几年才提上议事日程，村志编撰教学还没有列入村志编撰日程。所以，村志编撰、村志编撰教学不但是方志编撰的新任务，也是写作教学工作的新领域、新课题，编写村志编撰教科书任务艰巨而紧迫。

父亲刘文江曾任房山区史志办公室主任、北京市地方志学会副秘书长、中国地方志学会城市区志学会常务副会长，对方志编撰特别是对村志编撰情有独钟，先后发表专著《方志分类与方志篇目设置》和《区县地方志管理概论》（与李桂清合著）及20余篇方志论文。爱人的爷爷娄云亭是位老革命，是20世纪80年代黑龙江肇源县地方志办公室主任，是中华人民共和国成立后第一代修志人。两位长辈都呼吁开设方志编纂教学课程。笔者大学毕业后先后在北京理工大学房山分校、中共房山区委党校从事公文写作教学，发现写作教学中没有方志写作教学，而方志编纂又是对写作者素质要求极为全面而特殊的写作。所以，笔者非常赞同父亲把方志编纂特别是村志编撰纳入写作教学内容。

几年来，根据地方志工作特别是村志编撰的大量资料积累，借鉴父亲和爱人爷爷地方志工作的经验，阅读了诸多方志人的方志论文和编撰的村志，亲自参与了几部村志的编撰审稿工作后，终于在父亲的指导下，撰写了本书。目的在于抛砖引玉，为村志编撰提供一些切实可行的方法和技能，为村志编撰教学提供一部教学参考书，以推动村志编撰和村志编撰教学工作，为记住乡愁、传承乡村文明、振兴乡村文化、推进村志编撰做出我们的微薄贡献。

刘欣昕

2023年5月